斉藤章佳

子どもへの性加害

性的グルーミングとは何か

GS
幻冬舎新書
711

はじめに

「簡単に言えば、ジャニーさんのことが嫌いじゃない。むしろ好きなんで、僕は……。いまでも大好きですよ」

２０２３年３月、イギリスのＢＢＣ（英国放送協会）は、故・ジャニー喜多川氏をめぐるドキュメンタリー番組『Ｊ－ＰＯＰの捕食者　秘められたスキャンダル』を放映しました。

冒頭の言葉は、番組内で過去に喜多川氏から性的被害を受けたと証言する男性によるものです。この言葉に、ＢＢＣのモビーン・アザー記者は言葉を失い、その後も〝insanity（狂ってる）〟と激しい違和感を述べたのち、次のように語ります。

「まさに『グルーミング』です。グルーミングというのは、搾取される側に、その相手とまるで特別な関係があるかのように思い込ませる環境を、搾取する側が作り出すことです。彼（男性）は『尊敬』と口にしました。そこには愛情さえあると思います。ジャニー氏は彼をそれほどまでにコントロールしているわけです」

この番組が放映された翌月には、過去にジャニーズ事務所に所属していた男性が日本外国特派員協会で記者会見を開き、性被害を告発しました。その後、国連人権理事会の作業部会の専門家が調査を開始。さらには外部専門家による「再発防止特別チーム」が性加害を事実認定したことを受け、ジャニーズ事務所は謝罪会見を開きました。10月には、加害者の名前を冠した社名は「SMILE-UP.」に変更されました。

被害者たちへの救済や補償は道なかばですが、この問題はメディアでも連日報道され、芸能界に横行する性加害問題や、沈黙を貫いてきたマスコミの忖度《そんたく》など、これまで日本社会にはびこっていたさまざまな問題が白日のもとにさらされることになりました。

性の問題は人々のこころを激しく動かします。被害者の苦しみを慮《おもんぱか》る声や熱心なファンの葛藤や動揺だけでなく、インターネットでは被害者を責める二次加害的な言葉まで飛び出しました。また、これまでこの問題にはほぼ触れてこなかったマスメディアも、まるで堰《せき》を切ったように次々とトップニュースで報じるようになりました。

しかし、私はそこでひとつの違和感を抱きました。それは、この問題を語る際、グルーミングや小児性愛障害の本質にはほとんど触れられていないことです。

これまで私は20年以上、ソーシャルワーカーとしてアルコールやギャンブル、薬物、摂食障害やクレプトマニア、ＤＶ、痴漢や盗撮、小児性犯罪など、さまざまなアディクション問題、いわゆる依存症の問題に携わってきました。２００６年からは性犯罪を繰り返す当事者の再犯防止プログラムを日本で初めて民間のクリニックでスタートし、これまで２５００名を超える対象者がプログラムを受けています。また、２０１８年には小児性犯罪を繰り返す当事者に特化した治療グループも立ち上げました。

すでに喜多川氏は亡くなっているので、その性的嗜好《しこう》について本人に問うことはできません。しかし、クリニックに来院している人で子どもへ性加害を繰り返してきた人は、診断基準に照らし合わせるとほぼ全員に「小児性愛障害」という診断がつきます。

小児性愛障害とは、通常13歳以下の子どもに対して性的関心を持つ精神疾患で、嗜癖《しへき》行動（行為依存）としての側面もあります。そして子どもと信頼関係を築き、関係性を巧みに利用して性的な接触をする行為を性的グルーミング（性的懐柔）といいます。

２０２３年７月13日には改正刑法が施行され、「面会要求等罪（グルーミング罪）」が新設されました。ジャニーズ事務所の性加害問題が紛糾したことと刑法が改正されたタイミングが重なったのは偶然とはいえ、ここにも大きな社会の流れを感じざるをえません。

この問題の本質は、グルーミングと小児性愛障害なのではないか。そしていまこそ、この問題を専門家として正しく社会に伝えなければならない――そう確信した私は、突き動かされるように本書の執筆に着手しました。

子どもの性被害が話題にのぼると、「うちは男の子だから心配ない」という親御さんの声も聞かれるのですが、被害にあうのは女児だけではありません。男児への被害も深刻で、顔の見えないＳＮＳで男児が性被害にあうことも珍しくないのです。

日本は子どもへの性被害に対して鈍感な社会といわれて久しいですが、小児性犯罪の被害者を生まないためには加害者を生まないこと、加害者をなくすためには加害者を知ること、加害行為の実態を知ることが必要不可欠です。

本書では、性的グルーミングの手口から加害者の「認知の歪み」、被害者の実態から加害者臨床における再犯を食い止める治療プログラムにも迫ります。また法の専門家を招いて、社会全体でも子どもへの性犯罪をいかに防ぐか、さらに、いままさに回復・更生に取り組み続けている小児性加害経験者との対談も取り上げています。

なお、本書には性犯罪・性加害の表現が含まれています。あらかじめご留意ください。

子どもへの性加害／目次

第5章 小児性愛障害の治療 181

第6章　子ども性加害経験者と語る
——加藤孝さんに聞く、「やめ続ける責任」とは　235

図版・DTP　美創
編集協力　アケミン

＊本書で扱っている事例は、本人を特定できないよう実際の出来事から大幅に内容を変更しています。

第1章

性的グルーミングの手口

加害者は「普通の人」

「知らない人についていったらダメ」「あやしい人に声をかけられても絶対に話さないようにね」「人気《ひとけ》のない場所には行かないでね！」

子どもの身を案じて、このような言葉をお子さんにかける親御さんはとても多いと思います。

しかし、本当に、気をつけるべき人は「あやしい人」なのでしょうか。

私が所属する榎本クリニック（東京都豊島区）では、小児性愛障害（Ｐ75）と診断され、子どもへの性加害をしたことのある人に特化した治療グループ（ＳＰＧ：Sexual addiction Pedophilia Group-meeting）を２０１８年に始めました。２０２３年８月時点で、小児性犯罪を起こした加害者２００人以上が受診しています。

彼らのなかには、教員をはじめとする学校の職員、塾講師、トレーナー、保育士、ベビーシッターなど、子どもに日常的に関わる職業に就いていた人も少なくありません。また、このような職業ではなくても、近所の人にはにこやかに挨拶し、「勤勉で真面目なお父さん」「親しみやすい好青年」などのいい印象を持たれていた人も多くいます。

小児性犯罪というと、かつて世間を震撼させた宮﨑勤の幼女連続殺人事件を連想する人も多いと思います。そして、そのような事件を起こす加害者は、見るからにあやしくてオタクで不潔、「非モテ」や「陰キャ」といわれるコミュニケーションが苦手な人たちと考える人もいるのではないでしょうか。もしくは、公共の場で刃物を振り回し、子どもたちに襲いかかる「ヤバい人」を思い浮かべるでしょうか。

しかし実際の小児性犯罪者は、まったくといっていいほど様子が異なります。彼らのなかには、物腰が柔らかくスマートな人物も多く、とても紳士的に性的意図を隠しながら子どもたちにアプローチします。年齢のわりに童顔で細身、子どもから見ると「やさしそうなお兄さん」に見える人も少なくありません。いってしまえば、小児性犯罪者はどこにでもいるごく「普通の人」なのです。

彼らは、子どもたちを物色し、ターゲットを見定めると言葉巧みに誘い、根気強くコミュニケーションを重ね、信頼関係を築いたうえで卑劣な性加害に及びます。この性的な行為を目的に、子どもを手なずけることを「グルーミング」と呼びます。グルーミングは、見ず知らずの相手を狙う痴漢や盗撮などの性犯罪とは大きく違います。

グルーミングの3つのパターン

グルーミング（grooming）はもともと、「動物の毛づくろい」という意味の英語からきています。猫が自分の体をなめて毛づくろいをする姿は、とてもかわいらしいですが、これが性犯罪の文脈では、様相はガラリと変わります。子どもと親しくなり、信頼関係を築き、その信頼を巧みに利用して子どもに性的な接触をするグルーミングという用語は、１９８０年代後半、アメリカの研究者から徐々に広まっていったといわれています。

グルーミングは、次の３つのパターンに分類できます。

①オンライン上でのグルーミング
②面識のある間柄でのグルーミング
③面識のない間柄でのグルーミング

なかでも近年は、①のオンライングルーミングについて心配される親御さんも増えていると思います。ＳＮＳが急速に発達し、小学校低学年の子どもたちでもスマートフォンやタブレットに触れる機会が増えました。ＮＴＴドコモ　モバイル社会研究所の調べでは、小学校高学年のスマホ所有率は37%、中学生だと76%にものぼります。中学２年生になると８割を超え、小学校高学年・中学生では女子のほうが10%ほど高いようです。

いまや子どもたちにとってもスマホは体の一部であり、電話やＬＩＮＥなどによるコミュニケーション手段だけでなく、ちょっとした買い物や電車に乗るときの決済手段として、また親にとっては子どもがどこにいるのか位置情報を把握するためにも欠かせないツールです。子どものスマホ所有率は今後も増え続けるでしょう。

２０２３年７月の刑法改正で面会要求等罪、いわゆる「グルーミング罪」が新設されたこともあり、グルーミングという言葉自体も新聞やニュースの報道で耳にする機会が増えたかと思います。

この法律ができたことで、16歳未満の子どもに対し、わいせつ目的で騙したり誘惑したりして実際に会うことを要求する、お金を渡すと約束して会うことを求めるといった場合も罪に問えるようになりました。また、オンライン上でのグルーミングや、性的な画像や動画を送るように求めた場合も処罰の対象になりました。一連の刑法改正の動きについては、第４章の川本瑞紀弁護士との対談で詳しく述べていきます。

子どもたち、そして親にも「真面目そうなお父さん」「やさしいお兄さん」に見える加害者がどんな裏の顔を持ち、いかに子どもを巧みにグルーミングしていくのか。

ここからは、これまで私が臨床の現場で関わった加害者たちの具体例を挙げながら、その手口を明らかにしていきます。なお、ここからは性被害・性加害の具体的な描写が出てきますので、ご注意ください。

事例① 他校の児童にゲームアプリで近づいた小学校教諭

小学校教諭のA（30代男性）は温和で仕事熱心。児童からの人気が高く、保護者からの信頼も厚い、いわゆる「いい先生」だったという。公務員の妻と小学校低学年になる娘の3人家族で、数年前には関東郊外に新築のマイホームを構えた。

しかしAには、誰も知らない別の顔があった。それは、夜な夜なスマホのオンラインゲームアプリに出没することだ。自分が農場のオーナーとなり、作物の栽培をする人気の農場ゲームアプリで、ほかのプレイヤーと収穫量を競ったり、チャット機能を使ったやりとりができる。ランキングも発表され、Aは常にトッププレイヤーとして一目置かれる存在だった。

残業を終え帰宅するとAは、時間を見つけてはゲームアプリを立ち上げていた。アプリ上でAは、何人ものプレイヤーとやりとりしていたが、そこには数多くの未成年者が性別を問わず含まれていた。

ある日、Aは小学校6年生の女児とゲームアプリを通じて知り合った。最初はたわいもない雑談から始まり、やがてAが希少性の高い有料アイテムをプレゼントしたり、ゲーム攻略のアドバイスをするなど、徐々にふたりの距離は縮まっていった。

さらにやりとりはゲーム外にも及び、やがてAと女児は実際に顔を合わせるようになった。彼は小学校の教諭であることは隠さず、ときに女児に勉強を教えるまでふたりの関係は親密になっていった。そしてある日、ついにAは女児をホテルに連れ込み、暴行や脅迫を用いずに膣《ちつ》内性交や口腔《こうくう》性交を含む性加害に複数回及んだ。また、その様子をスマホで撮影していた。


「自分が担任をしている児童には、そんなひどいことはできません」

これは実際にAが口にした言葉です。

私が最初にAと出会ったのは、警察署での面会でした。私はソーシャルワーカーとして、しばしば刑事手続きの入口段階で、拘留中の性犯罪加害者と面会をしています。そのなかで、裁判に必要な再犯防止計画を一緒に作成していきます。

前述のとおり、Ａは女児をオンライングルーミングの末、性加害に及びました。後日、女児の様子がおかしいことから保護者が異変を察知し、警察に届け出たことでＡの加害行為が明らかになりました。逮捕後、ほかにも複数人の小学生女児への同種の加害行為が発覚し、強制性交等罪、強制わいせつ罪、児童ポルノ禁止法違反（児童ポルノ製造）に問われたＡは懲役10年の実刑判決を受け、現在は刑務所で服役しています。

私がＡに抱いた第一印象は「真面目そうな男性」でした。質問にも丁寧に答えますし、元教員らしい端正な文字で書かれた「リスクマネジメントプラン（Ｐ２０４）」は毎回、期日どおりに送ってくれます。また刑務所の中では、日々の筋トレや瞑想を欠かさないとも語っていました。

読者のなかには、Ａが小学校教諭だったことから、彼自身が勤務している学校の児童たちに加害行為を繰り返していなかったのか疑問に思った人もいるでしょう。結論から述べると、彼は自分が受け持っている児童たちには一切、加害行為に及んでいませんでした。

当初それを聞いた私は「自校の児童に性加害を行えばすぐに犯罪行為が露呈してしまう

ため、ある種のリスクマネジメントなのかな？」と考えていました。しかし、その予想は大きく裏切られました。彼の答えはこうです。

「自分が担任をしている子どもには、そんなひどいことはできません。大切な児童ですから」

当然ながら、他校の生徒・児童だからといって「ひどいこと」、つまり性加害をしていい理由にはなりません。のちほどP97でも詳しく取り上げますが、これは驚くべき認知の歪みです。

自分が担当している児童は大切だから、そんなおぞましいことはできない。Aには小学校低学年になる娘がいましたが、自分の娘に対しても同じ心持ちだったようです。職場では仕事熱心ないい先生、家庭ではやさしいお父さん……そんな彼の加害性の矛先は、ゲームアプリで知り合った女児に向けられていたのです。

毎年2000人の児童がSNSで性被害にあう

Aの場合はゲームアプリ内でのグルーミングでしたが、いまやTwitter（現・X）やTikTok、Instagramなど若年層が集まるSNSでは、オンライングルーミングをしよう

【SNSに起因する事犯】罪種別の被害児童数の推移

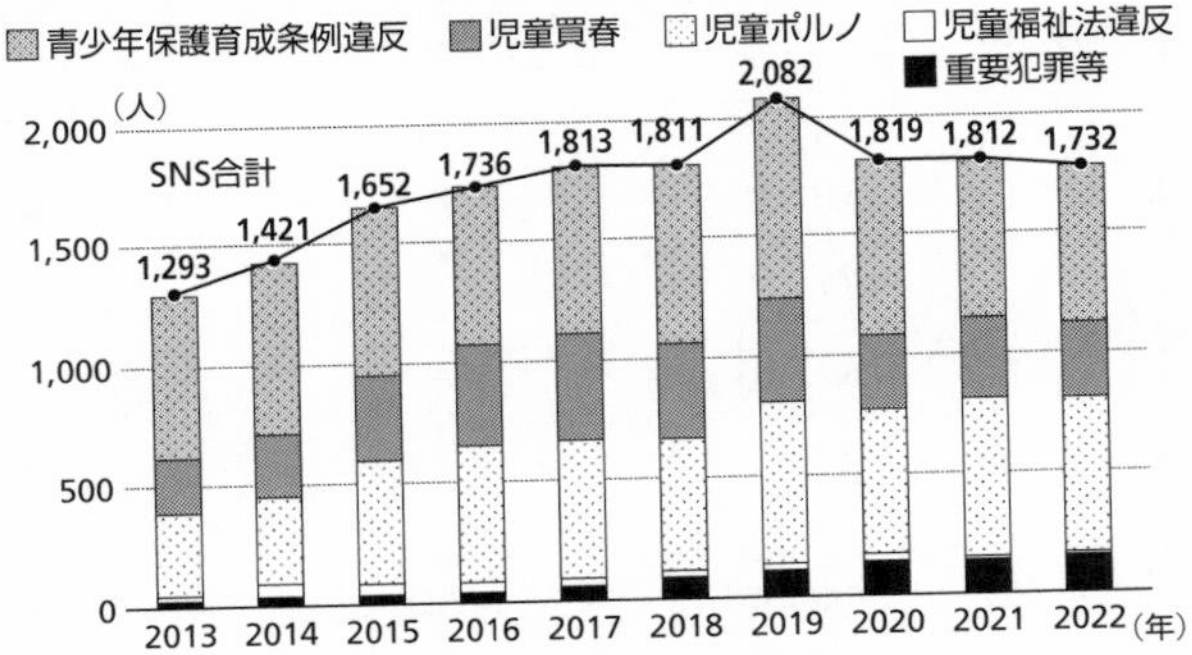

令和4年におけるSNSに起因する事犯の被害児童数は、1,732人であり、前年からは4.4%減少したもののおおむね横ばい状態であり、依然として高い水準で推移している。

出典：警察庁「なくそう、子供の性被害。」統計データ
https://www.npa.go.jp/policy_area/no_cp/uploads/R4kodomo.pdf

と手をこまねく性加害者が数えきれないほど存在しています。

警察庁のデータによれば、２０１９年には子どものSNSにおける被害が過去最多の２０８２人を記録しました。その後やや減少しているものの、毎年２０００人近くの児童が被害にあっている事実に変わりはありません。

そもそもSNSでは、どんな投稿がきっかけで子どもと小児性犯罪者が知り合うことになったのか、年頃の子どもを持つ親御さんなら気になるところでしょう。同データによれば、子どもと加害者が知り合うきっかけとなった最初の投稿は「子どもの投稿」が約75%を占めています。さらにその

【SNSに起因する事犯】最初に投稿した者と投稿内容の内訳

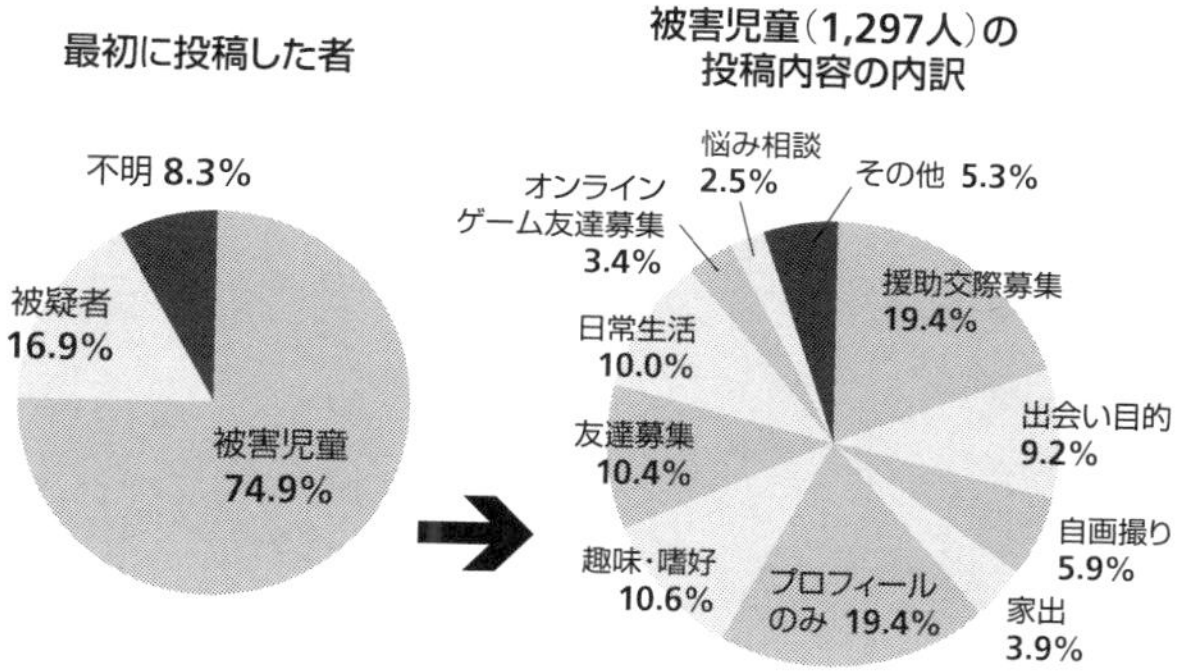

出典：警察庁「なくそう、子供の性被害。」統計データ
https://www.npa.go.jp/policy_area/no_cp/uploads/R4kodomo.pdf

内容は、性的なものではなく、プロフィールや趣味、友達募集、日常生活といった、日常のたわいもない投稿だったことも明らかになっています。

彼らはまるで投《と》網《あみ》をかけるように、SNS上で不特定多数の子どもたちに狙いを定め、グルーミングできるターゲットを探しています。

NHK「クローズアップ現代」の取材班が性被害者支援に取り組むNPO法人「ぱっぷす」と協力し、架空の女子中学生の「Twitterアカウントを作成したところ、「友達がほしい」とひと言つぶやいただけで、わずか2分間で12人もの男性たちからメッセージが殺到しました[*1]。そのなかには一方的に性的な要求をする、まるで人を人とも思わないようなメッセージも見受けられました。

この投網をかけるようにターゲットを探す手法は、性犯罪以外でも見られます。かつて主にTwitterで「死にたい」など自殺願望があるような投稿をしている女性に狙いを定め、「一緒に自殺をしよう」と誘い込み、殺害を繰り返した「座間9人殺害事件」と構造は共通しています。加害者はオンライン上で、不特定多数のなかからターゲットを虎視《こし》眈々《たんたん》と見定めているのです。

「私はこんなに見せたのに……」女児になりすました加害者

たとえＳＮＳ上で知り合っても、リアルで対面しなければ問題ないというわけではありません。ＳＮＳ上のグルーミングで性加害者が子どもと信頼関係を構築したうえで、性的なメッセージを重ねた末、子どもたちに性的な写真や動画を送らせる事案も頻発しています。加害者の男性が女児のふりをして一方的に性的な画像を送りつけ、「私はこんなに見せたのに」と同様の画像を送るように要求するパターンもあります。

もちろん加害者が先に送ったのは、インターネット上で手に入れた画像です。しかし、信用して性的な写真や動画を送ってしまう。場合によってはそれらのデータが流出、拡散され、取り返しのつかない「デジタルタトゥー（インターネット上で一度拡散された書き込みや個人情報などが、入れ墨のようにいつまでも残り続けること）」となり、その後の人生にも深い影響が及んでしまいます。

２０２１年９月にも、当時11歳の女児にわいせつな画像を撮影させて送信させたとして、元力士が逮捕されました。加害者と女児はアバターを作成して交流するインターネットアプリ上で知り合ったとされ、犯行当時、加害者は現役の力士でしたが、自らを16歳の少女であるように偽ったとも報じられています。

また、この加害者は、顔が写った写真を送ることを嫌がる子どもに対しては、やりとりした性的な写真などを「ネットで公開する」と脅したそうです。被害者はそのほかにも当時９～13歳の女児４人にのぼり、翌年３月、強制わいせつと児童買春・ポルノ禁止法違反（単純製造）の罪で、懲役2年10か月の実刑が言い渡されました。

２０２３年７月に新設された「グルーミング罪」では、16歳未満の子どもに対して性的な画像や動画を撮影させ、送るように要求すると懲役1年以下または罰金50万円以下が科せられることになっています。

ちなみに、グルーミングによって手に入れた画像や動画を加害者たちが私的に所有するのみならず、悪徳業者が動画や画像を違法なサイトで販売し、利益を貪っているケースも先に挙げた「クローズアップ現代」の取材で明かされていました。このサイトに出品していたのは23人で、いずれも会社役員や会社員でしたが、手っ取り早い小遣い稼ぎとしての認識しかなく、罪の意識は希薄だったといいます。

「『かわいい』と言ってつけこんで（中略）脱がせる。最初は簡単なところから、『逆立ちして』とか。逆立ちすると服がめくれるじゃないですか、そこからいくんですよ。ちょっとずつステップアップしていく感じになります」などといったおぞましい証言も飛び出していました。

カウンセラー顔負けの「聴く力」

グルーミングにおいて、加害者の欲望がすぐにはむき出しにならないケースも数多くあります。「おはよう」「おやすみ」など挨拶から始まり、ゲームアプリ上なら共通のゲームの話題を繰り返し重ねて、時間をかけて慎重に関係性を深めていくのです。また、自分の写真を投稿しているような子どもには「かわいいね」など容姿を褒めて、自尊心と承認欲求をくすぐります。そこには、暴行・脅迫を想起させるような暴力性は見受けられません。

ＳＮＳもゲームも、基本的には無料ですが、一部の子どもたちの間には「有料アイテムや有料スタンプを持っていないと恥ずかしい」という意識が共有されているといいます。もちろん子どもには自由に使えるお金は限られているので、そんな心理の隙をつき、有料のアイテムで子どもたちを誘い、手なずけるのも彼らの常套《じょうとう》手段です。

ゲームの世界ではランキングやレベルが上の上級者を尊敬する風潮もあり、子どもたちにとってレアなアイテムやお宝を持っているプレイヤーは「憧れの存在」にもなっていきます。その際、加害者は実際の年齢を偽っていることが多いですが、子どもからすると本当に大学生なのか、社会人なのかはわからないものです。

そのほかにも、メッセージなどのやりとりで子どもが「受験勉強がうまくいかない」など愚痴とも相談ともつかないメッセージを送ると、彼らはすぐさま「大丈夫？　落ち込まないで」などやさしく励ます、ということもよくあります。

共通点は、いずれも子どもたちに対して彼らはとてもやさしく、子どもたちの発言を無条件に肯定し、共感していることです。Ａも小学校教諭という職業柄、自分の担当している児童と同じ年頃の子どもが何にどう悩んでいるかは、手に取るようにわかっていたはずです。

ところで、カウンセリングでは、「受容・傾聴・共感」という3つの要素がカウンセラーに求められます。

①受容……相手に「抱えている感情などをありのままに受け止めますよ」という姿勢を示すこと
②傾聴……相手の話を否定せず、耳を傾けてじっくりと聴くこと
③共感……相手の気持ちに寄り添って、相手が話したことについて「そうですね」といった気持ちを表すこと

カウンセリングを受けたことのある方はご存じかと思いますが、カウンセラーは、基本的にはクライアント（相談者）の話を遮《さえぎ》らず、話し終わるまで「ああ、そうなんですね」「なるほど」という具合に、うなずきながらただひたすら耳を傾けます。そこでは絶対に否定はしません。また、「○○と考えていたんですね」「○○と捉えていたのですね」と相手の表現したかった気持ちを核心をついた言葉で表現し、何度も丁寧に確認していきます。さらに「それはつらかったですね」「大変でしたね」といった言葉をかけ、「共感」を表し

ます。

カウンセラーが、この「受容・傾聴・共感」の３つの要素を意識して相談者の話を聴くことで、クライアントも「話を聴いてもらえた」「自分という存在をそのまま受け止めてもらえた」と感じることができます。すると双方に信頼関係が構築されていきます。

カウンセラーとクライアントの間の相互信頼関係を「ラポール」（rapport）といいます。「調和した関係」「こころが通い合う関係」という意味のフランス語が語源の言葉です。「受容・傾聴・共感」という３つの要素によって、ラポールが形成されていくのです。

すべてを受け入れてくれる「理解ある大人」

話はグルーミングに戻ります。

グルーミングの加害者たちは、カウンセラー顔負けの傾聴力を持っています。「友達と嫌なことがあってつらかった」と子どもが訴えれば、「そうか、つらかったね」と返し、否定せず、どこまでも耳を傾けます。友達との関係に悩む子どもにとって、「自分の話を否定せず聴いてくれる大人がいるんだ！」というポジティブな驚きは、やがて信頼感、つまり加害者たちとのラポールの形成へとつながります。

その信頼関係を築くまでは当然かなりの時間を要しますが、小児性犯罪者たちの根気強さは、そもそも常人の予想を遥かに超えています。

ここで親子の会話を振り返ってみてください。日常生活全般において、親は子どもに対して「早く寝なさい」「おやつはごはんの前に食べたらダメだよ」「ゲームは30分だけね」など、何かを禁止・制限する言葉を発することが多くなっているのではないでしょうか。とくに子どもが小さければ、「道路に飛び出しちゃダメ！」「外は暑いから帽子をかぶりなさい！」など、子どもの身の安全を守るためにも、親が禁止や制限の言葉を発する機会が多くなるのも当然です。さらに年頃になれば、子どもたちも「なんでゲームを好きなだけできないの!?」「いまはまだ寝たくないんだけど〜！」と、親に反抗するようになってきます。

しかし、グルーミングをする性加害者は、子どもに対して禁止や制限をする言葉は用いません。「そうなんだ」「つらかったね」「君は悪くないよ」といった言葉を繰り出し（無条件の肯定的関心）、「受容・傾聴・共感」のスキルを総動員します。日々の生活において親の注意や声がけを「口うるさい」と感じる子どもにとって、そのような言葉をかけてくれる大人は、まるで陽だまりのような存在に映ることでしょう。大人に比べて人生経験も浅く、判断能力が未熟な子どもに、その陽だまりの向こうにはどのようなリスクがあるのかは想像できません。

また、オンライン上では「ストレスがたまる」「気持ちが落ち込む」など悩みを打ち明けた子どもに対して、加害者は「セックスをするとストレスが和らぐよ」「エッチをするとスッキリするんだよ」など、大人からすると至極いいかげんに性的な話題をもちかけることもあります。

さらにこのＡのように、オンライン上のやりとりを経て、実際に子どもと顔を合わせるようになってからも、彼らは初対面でいきなり性行為に及ぶことはあまりありません。最初は喫茶店やカラオケボックス、ゲームセンターなど、子どもや若者が好みそうな場所を選び、信頼感を醸成して、子どもを懐柔していくわけです。子どもに勉強を教えることに長《た》けている者は、Ａのように宿題を見てあげることもあります。もちろん彼らはその裏で、周到に性加害を行うタイミングを見計らっているのです。

事例② Twitterの裏アカウントで男子中学生を選り好み

現在服役中のB（40代男性）のグルーミングのターゲットは男子中学生ばかりだった。

彼がグルーミングを行うのは主にTwitterで、個人が特定されない「裏アカウント」で性的な発言をしたり、性器の画像をアップしている未成年の投稿者を選り好み、言葉巧みに接近していった。ダイレクトメッセージでのやりとりを経て、実際に顔を合わせると、バリアフリートイレで肛門性交に及ぶのも彼の常套手段だった。彼によれば、性加害が終わった後には、毎回数千円の現金を渡していたという。

グルーミングの被害にあうのは女児だけではありません。よく「うちの子は男の子だから大丈夫」と語る親御さんもいるのですが、残念ながら男児の被害も多いことを述べておかなければなりません。

加害者らは異口同音に、小学校1～3年生ぐらいまでの低学年の男児がもっともグルーミングしやすいターゲットだと述べます。この年齢なら、「何をされたのかわからないだろうから」「訴えなさそうだから」と言うのです。また、小学校低学年の時点では、男児

児童ポルノ事犯の検挙を通じて新たに特定された被害児童の推移

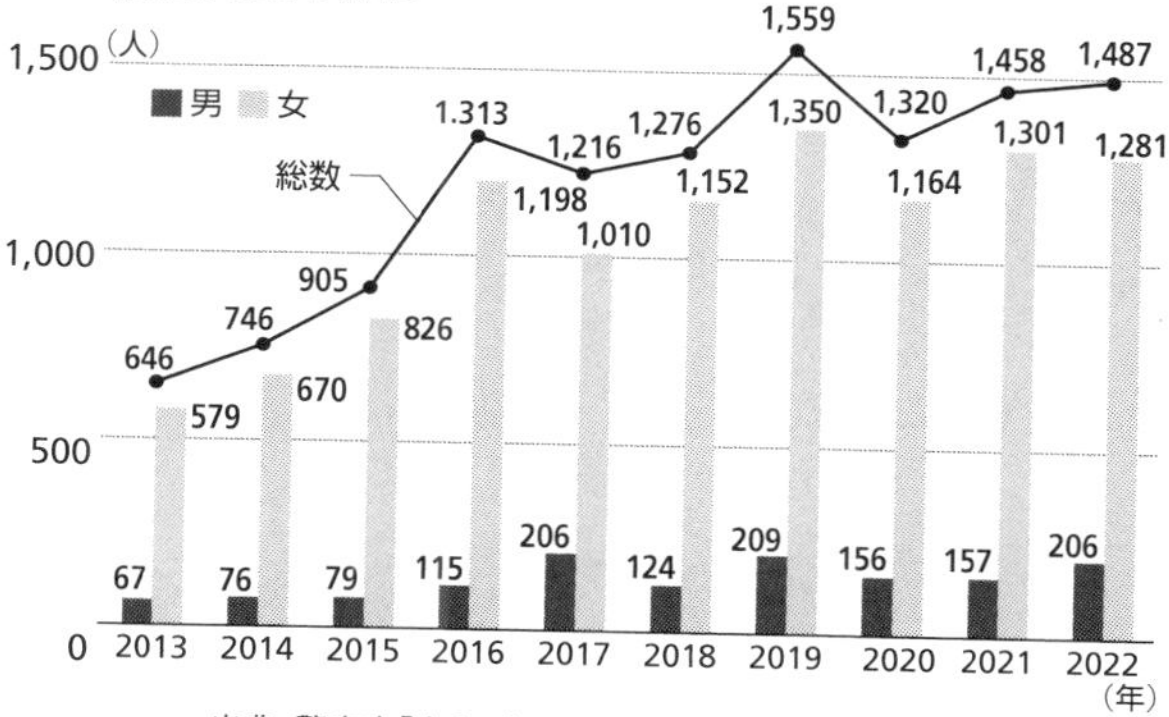

出典：警察庁「令和4年における少年非行及び子供の性被害の状況」
https://www.npa.go.jp/bureau/safetylife/syonen/pdf-r4-syonenhikoujyokyo-kakutei.pdf

も女児も体つきに大きな差はないため、「女児の代わりに男児を触る」と言う加害者もいます。

警察庁のデータによれば、２０２２年に特定された児童ポルノ被害児童１４８７人（総数）のうち男児が２０６人、女児が１２８１人でした。およそ14％が男児だったわけです。この「男児も性被害にあう」という事実はいまも周知されているとは言いがたい状況ですので、より広く注意喚起されるべきでしょう。

なお、政府はジャニーズ事務所の性加害問題を背景に、２０２３年９月に「男性のための／男の子と保護者のための性暴力被害者ホットライン」（Ｐ２６５）を初めて開設しています。期間限定ながら、男性や男児の性被害に向き合う気運の高まりも見受けられます。

ちなみにこの加害者Bは、「行為後に金銭を受け取っているのだから、彼ら（被害男児）もビジネスだった」「自分の行為は性加害ではない」と終始一貫して主張していました。Bが自らの認知の歪みに気づき、加害行為をやめ続けられるようになるまでには、かなり長い年月がかかると思われます。

事例③ 家族ぐるみで親しかった「やさしいお兄さん」の正体

C（30代男性）は、4年間にわたり小学生男児への性加害を繰り返していた。Cと同じ団地に暮らしていたその男児は不登校で、両親は共働き。平日は両親が家を空けていたので、男児が団地の共有部分でひとりで遊んでいる姿を近所の人もしばしば目にしていたという。

Cが初めて男児に出会ったとき、男児は小学校2年生だった。Cは男児に声をかけ、子どもたちの間で人気のキャラクターゲームで「一緒に遊ぼう」と声をかけた。最初は、団地の共有部分で一緒に遊んでいただけだったが、しばらくするとCは男児を自室に招き入れるようになった。その際、「ここに来られるのは君だけだよ」とCは男児に告げたという。

　Cの自室では、男児はゲームや勉強をして過ごしていた。また、不登校で学校に行けないことをCに相談していた。すっかりCになついた男児の様子に、両親は「私たちが日中、面倒を見られないばかりに預けてしまって申し訳ない」とCに繰り返し感謝の意を述べ、ときに夕飯にCを招くなど、家族ぐるみで良好な関係を築いていた。

　男児が3年生になった頃から、Cは男児を膝の上に乗せたり、抱き上げたりといったスキンシップを増やしていった。その後、行為はエスカレートし、男児のズボンの中に手を入れ、性器に触れるようになっていた。さらに男児が5年生になると、加害行為は口腔性交や肛門性交にまで及んだ。その際、Cは「お母さんに言ってはいけないよ」「ふたりだけの秘密だよ」とたびたび口にし、男児に口止めを行っていた。

　男児が6年生のとき、父親の仕事の都合で転校したことで加害行為は終わった。その後も男児は長年被害にあったことを誰にも相談できず、フラッシュバックなどの後遺症に苦しむことになった。

子どもと面識があり、親しい関係になった大人によるグルーミングの一例です。
加害者はゲームやおもちゃで一緒に遊んだり、勉強を教えたりすることで「やさしいお兄さん」「信頼できる大人」など、子どもからの信頼を得ていきます。やがて子どもを膝の上に乗せたり、肩をもむといったスキンシップ行為を始め、断りにくくさせたうえで徐々に体や性器にも触れていく。これが面識のある関係でのグルーミングのひとつのパターンです。

顔見知りによるグルーミングにおいて、多くの場合、加害者はその関係性を利用します。学校の教員や家庭教師、塾講師や習い事の先生、保育士、トレーナーなど、仕事のなかで子どもの信頼を得やすい職業に就いている事例も多いです。

あくまで報道されている限りですが、ジャニーズ事務所における故・ジャニー喜多川氏の性加害問題も、顔見知りによるグルーミングの典型例です。喜多川氏は、「合宿所」と呼ばれる自宅に少年たちを招き、マッサージなどで体に触れたり、風呂に一緒に入るなどのスキンシップを経て、やがて口腔性交や肛門性交に至ったことが当時者の証言で次々と明らかになっています。明らかな暴力行為についての報道はありませんが、告発した男性たちは、「ここで断るとデビューはできなくなると思った」など、喜多川氏の絶対的な権力を前に断ることはできなかったと述べています。まさに性暴力は、権力関係と構造の問題であることを体現している事件です。

私はよく「加害者はマジックを使う」と表現します。加害者は圧倒的に優位な立場にいるために、子どもがいともたやすく手なずけられてしまうからです。さらに「お母さんに言ってはいけないよ」「ふたりだけの秘密だよ」など、小児性犯罪者は関係性を利用して、巧みに口止めを行います。

また彼らは関係性を利用して、親やコミュニティなど周囲の大人たちまでも懐柔していきます。本来ならば子どもを守る立場にいる保護者ですら、加害者を「面倒見のいい人」と勘違いしてしまい、まさか子どもが性被害にあっているとは夢にも思わないわけです。子どもだけでなく、親やコミュニティまで懐柔する。これがグルーミングの本質であり、おそろしさです。

さらに、Ｃのように「特別感」を演出するのも加害者の常套手段です。「この部屋に来られるのは君だけだよ」など被害者がいわゆる「お気に入り」なのだと錯覚するような演出をするわけです。ジャニーズ事務所の性加害においても、告発者のなかには、かつて事務所に所属していたトップアイドルが使っていた個室を特別にあてがわれていたことも一連の取材[*2]で明らかになっています。

映画『コロニアの子供たち』で描かれたグルーミング

この「特別感」を用いるグルーミングの手段は、２０２３年に公開された映画『コロニアの子供たち』でも実によく描かれています。

この映画は史実をベースにしたもので、題材となったのはチリにあったカルト共同体「コロニア・ディグニダ」です。１９６０年代初頭にナチス残党のパウル・シェーファーという宗教家が設立した共同体で、いまも名前を変えて存続しています。

一見すると人々は「労働・秩序・清廉」をモットーに慎ましやかな共同生活を送っているのですが、実はシェーファーら少数の支配層を支えるため、長時間労働を強要され、私語もほとんど禁じられた状態で常に監視されています。その狭いコミュニティでは、シェーファーは絶対的な指導者で、誰も逆らえる者はいません。多くの人々は洗脳状態なのですが、なかには脱走したり、異議を唱える者も出てきます。そうした異分子には、薬物や電気ショックなど容赦ない拷問が行われていました。さらに共同体では、少年たちへの性暴力も日常的に行われ、指導者のシェーファーは毎夜のように自室に少年を招き入れ、性加害を繰り返していたといいます。

シェーファーは絶対的指導者です。彼の発言は絶対で、コロニアで暮らす人々には拒権はありません。指導者とそのコミュニティで暮らす少年という明確な地位関係を利用して、シェーファーは性的虐待を繰り返していくのです。

劇中では、シェーファーが少年たちのなかからひとりだけを選び、「テレビを特別に見せてあげる」と甘い言葉を用いて、自室に誘い込む様子が描かれています。主人公の少年は、実はすでに自分以外の少年が性虐待を受けていることを知っていました。しかし、「ついに自分にもその番が回ってきたのか」と絶望の表情を浮かべ、観念したようにシェーファーの部屋に向かっていくのです。

シェーファーはときにやさしく、またときに少年が反抗的な態度を示すと厳しい言葉で叱ります。「アメとムチ」を巧みに使って少年たちを懐柔していくのですが、これもグルーミングの典型パターンです。私も映画のパンフレットに「KAWAII」と題して、「この映画は、子どもがいかにして主体性を奪われ加害者に巧妙に支配されていくかを知るには格好の作品」と寄稿しました。

ちなみにドイツ人のシェーファーが故郷から遠く離れたチリでコロニア・ディグニダを設立した背景には、彼が小児性犯罪者だったことも関係しています。シェーファーは第二次世界大戦が終結したドイツで１９５４年に戦争孤児院を設立しています。しかし、すぐに男児に対する性的虐待の罪で告発され国外に逃亡、最終的にチリにたどり着いたという経緯があります。シェーファーは孤児院設立という社会的には正義と思われる行為を隠れ蓑《みの》にして、小児性犯罪を行っていたわけです。

なお、コロニアにおける児童虐待や拷問や洗脳は、当時チリの軍事政権や警察によってひた隠しにされていたため、１９９７年にシェーファーがチリから逃亡するまで続いていました。拷問や洗脳、児童虐待とおぞましい単語が並びますが、絶対的な権力者が国家までも手なずけた構造そのものは、対岸の火事ではないようにも思えます。

事例④　人気塾講師が「英語の勉強」を口実に自宅へ誘う

個別指導の英語塾で講師を務めるD（30代男性）は、学生時代に海外留学の経験があり、英語の発音はネイティブ並み、さらに細身でスマートなルックスも相まって女子生徒からの人気が高かった。

当時Dが担当していたなかに、中学校1年生の女子生徒がいた。彼女は精神疾患のある母親を持ち、家事やきょうだいの世話を一手に担っていた。父親は「家事は女がやるもの」と強く主張し、ときに女子生徒が勉強や部活で疲れ切って寝てしまうと、「長女なのになぜ家事をやらないんだ」と日常的に叱責し、女子生徒は次第に家での居場所がなくなっていった。

ある日、女子生徒が「どうしたら先生のように英語を話せるようになるんですか？」と英語の勉強法について講師室にいるDに相談した。Dは女子生徒に英語で日記を書くようにアドバイスをし、その日記を添削してあげると約束した。このことがきっかけで、女子生徒はDと個人的に話す機会が増えていった。

さらにDは女子生徒の家庭についての相談にも乗るようになった。それまで周囲の大人や友達に家庭の話をしても「大変だね」「頑張って」と言われるだけだったが、Dは具体的なアドバイスを施したことから、女子生徒はDに対して親近感を抱いたという。

次第にDは、英語の勉強と称して塾の外で女子生徒とふたりきりで会うようになっていった。公園や喫茶店で過ごし、さらに自宅にも招き入れるようになった。自室では自分が留学していた頃に撮影した写真を女子生徒に見せていたが、そのなかには女性のヌード写真も含まれていた。怪訝《けげん》な顔をする女子生徒に対してDは「芸術作品だから」と語り、繰り返し性的な写真を見せるようになった。

ついには女子生徒が中学校を卒業すると、Dは自宅に泊まりに来るように誘い、その夜に性行為に及んだ。性行為はそれきりで、ふたりは二度と会うことはなかったものの、女子生徒はやがて不特定多数との性行為を自傷行為的に繰り返すようになった。

もうひとつ、面識のある関係でのグルーミングの例でした。

これは機能不全家族、ヤングケアラー（本来は大人の役割と想定されているような、家事や家族の世話などのケアを日常的に行う18歳未満の若者）、父親の男尊女卑的価値観、性依存症、そしてグルーミングと複数の問題が絡み合ったケースですが、ここではグルーミングの加害者の手口に焦点を絞って論じていきます。

まず特筆すべきは、Dのカウンセラー顔負けの傾聴力です。「受容・傾聴・共感」の3要素を総動員しながら話を聴いています。家庭での悩みを抱えながらも、なかなか周囲の大人たちに相談できず、たとえ友達に相談しても「大変だね」と片づけられてしまう。そもそも当時は「ヤングケアラー」という言葉すらなく、女子生徒自身も自分の置かれた状況が公に相談すべき問題であるという認識すらありません。

そんな寄る辺ない女子生徒にとって、自分の話を否定せずに最後まで聴き、具体的なアドバイスもくれるＤがとても心強い存在になったのは想像に難くありません。

孤立した子どもに釣り糸を垂らす

顔見知りによるグルーミングでカギとなるのが、子どもの孤立感です。

加害者は、孤立している子どもを巧妙に狙います。家庭で日常的に「お前はダメだ」と叱責されていたり、ほかの子どもと比べられて「ありのまま」であることを否定されている子どもは、自己肯定感が著しく低下しています。そのような場合、子どもたちは「こんな自分は価値のない人間だ」などと自らを否定し続けていきます。この女子生徒も、父親から男尊女卑的な価値観を押しつけられ、そこから外れるような行動をしたときに激しく叱責されていました。

そんな孤立した状態の彼らの前に、自分の話を否定せず聴いてくれるやさしい大人が現れたらどうでしょう。この場合、Ｄはよき理解者であると同時に、女子生徒にとって英語を流暢《りゅうちょう》に操れる「憧れの人」でした。家にいたら家事やきょうだいの世話をしなくてはならない。少しでも家事を怠ると父親から叱責される……そんなつらい現実から逃げたい一心で、女子生徒は中学卒業後、すぐにDとの性行為に応じたといいます。

加害者の目的は、子どもをカウンセリングすることでも、家庭に居場所がない子どもに寄り添うことでもありません。あくまで性を使った加害行為を達成することが目的です。その目的を遂行するためには、彼らはターゲットを慎重に選びます。まるでピラニアが血の匂いを嗅ぎ分けるかのように、加害者は孤立した子どもを鋭敏に察知し、狙いを定めていくのです。

もしも子どもが親に悩みや不安をすぐに相談できるような良好な関係なら、小児性犯罪者のターゲットにはなりにくいといえます。万一被害にあっても親に相談し、すぐに加害行為が発覚するからです。小児性犯罪者がもっとも恐れているのは、加害行為が発覚することです。彼らは第六感ともいえるセンサーで、すぐに加害行為がバレてしまうような相手はターゲットから除外していくのです。

家庭で親と十分にコミュニケーションを取れず、誰にも相談できない孤立感を募らせた子どもほど、グルーミングのターゲットにされやすい。これはなんとも残酷な現実です。

この事例の加害者Dは「芸術作品だから」と言いながら、女子生徒にヌード写真を見せています。これには子どもに性的なコンテンツにあえて触れさせることで、境界線をあいまいにし、感覚を麻痺させていく意図が含まれています。加害者にとっては、自分がこれから行う行為を「被害」と認識させないためのプロセスなのです。

ちなみにこの女子生徒のように、手なずけられる形で性行為に及んだ場合、それを〝同意がある行為〟だと思い込まされることは少なくありません。そのため、被害が発覚しても「（加害者とは）付き合っている」「これは恋愛なんだ」と話すこともあります。

また、グルーミングによって「自室についていった自分が悪かったんだ」などと思い込まされたことにより、何年も経ってからようやく「あれは性暴力だったのだ」と被害に気がつくケースは少なくありません。

さらに、性暴力を受けた被害者が、のちに自傷行為のような強迫的性行動を繰り返すようになることは、臨床ではよく見られます。このメカニズムについては拙著『セックス依存症』（幻冬舎新書）で詳しく述べているので、興味のある方はご一読ください。

ここまで見てきたように、本来子どもにとって安全であるべき家庭や学校、塾という場所でもグルーミングは行われます。このことが知識として多くの人に広まれば、周囲からの効果的な介入など、未然の防止策を社会全体で築いていくことができるのだと思います。

事例⑤　休日、ショッピングモールのトイレにひとりで入った男児に……

会社員のE（30代男性）は、休日になると決まって大型ショッピングモールのトイレを訪れていた。そこでEは、ひとりでトイレに入ってくる小学校低学年の男児に自らのスマホ画面を見せ、個室に誘い込み、男児の陰部を触っていたという。

行為は数分に及び、最後には「僕たちだけの秘密だよ」「お母さんに言うと、悲しむよね」「学校にバレたらまずいよね」と口止めをしていた。ときに男児のズボンを下ろした状態をスマホのカメラで撮影していたこともあった。

しかしある日、トイレの個室に連れ込んだ男児が大声を出したことで加害行為が発覚、その場でEは現行犯逮捕された。さらにほかの男児への性加害や盗撮や痴漢行為が発覚し、Eは起訴され、裁判では実刑判決を受けた。現在もEは刑務所で受刑している。

ここまでは、オンラインや顔見知りによるグルーミングの事例を紹介してきましたが、初対面の子どもを手なずける性加害者もいます。

面識がない間柄でもグルーミングは行われ、「ゲームアプリで一緒に遊ぼう」と誘ったり、「背中に虫がついてるよ」「あ、服の中に入っていっちゃった」と言いながら洋服の中に手を入れる……というケースもあります。前述したオンライングルーミングや面識のある間柄でのグルーミングとは異なり、ごく短時間で加害行為を終わらせるため、かなりの「高等テクニック」といえます。

なぜ、子どもは初めて会った大人についていってしまうのでしょうか。

まず加害者には、世間でイメージされるような〝性犯罪者らしい雰囲気〟がないことが大きな特徴です。身なりも清潔で、ニコニコしたやさしそうな出で立ちのために、街の風景に馴染んでいます。黒いサングラスにマスク、深くかぶった帽子にロングコート……といった明らかにあやしい格好の加害者はいません。そのため子どもも警戒心が緩み、声をかけられると思わず口をきいてしまうのです。

そして加害者は、逮捕されやすい場所では絶対に加害行為に及びません。死角になりやすい、人目につかない環境をリサーチして、そこで犯行を重ねるのです。具体的には、商業施設のバリアフリートイレや公園のトイレです。映画館のトイレもとても広いので、奥の個室におびき出した、ということを加害者からヒアリングしたこともあります。トイレ内には防犯カメラはないので、彼らにとっては「やりたい放題」なわけです。

事例のようにゲームを用いて個室に誘い出すほか、スマホの画面をタッチするだけで電源がオフになるような特殊なアプリをインストールしておき、子どもにスマホを触らせているうちに故障したように思わせて罪悪感を植えつける……という悪質な手口もあります。いきなり見ず知らずの人のスマホやタブレットを自分が壊してしまったとしたら、子どもは動揺してしまいます。

すると加害者は「君が壊したんだ」「ママに知られたくなかったら、ズボンを下ろしてよ」などと巧妙に迫るわけです。プライベートゾーン（P149）についての認識がない未就学児や小学校低学年なら、自分が何をされているかわからないケースもあるでしょう。

前述のとおり、男児を狙う加害者も多くいます。それは何も同性愛者だからではなく、男児のほうが無抵抗、無警戒だからという理由です。多くの小児性犯罪者はこの傾向を把握しており、子どもがひとりになるタイミングを狙っているのです。

親としては、ときに「トイレ行っておいで」と子どもをひとりでトイレに行かせることもあると思いますが、残念ながら性加害者の前には「男児だから大丈夫」は通用しない現実があります。

実は危ない日本のトイレ

立正大学教授で社会学博士の小宮信夫さんによれば、犯罪が起きやすいのは「入りやすく見えにくい場所」だといいます。[*3] たとえば駐車場には誰がいてもあやしまれませんが、車の陰など死角も多い場所です。高い建物に囲まれた道は、人目がありそうですが建物が高層になればなるほど監視性は低くなり、住人も外で何が起こっているか気づきません。建物が壁になり、周囲を行き交う人から見えづらくなることもあるでしょう。

なかでも日本の公衆トイレは「誰もが入りやすく」「誰からも見えにくい場所」の代表例だといいます。というのも日本の公衆トイレは男性用と女性用の入口が近く、万が一男性の性加害者が女性を尾行しても周囲に誰もいなければ一緒に入れたり、入口にある壁が邪魔をして買い物客や従業員の視線が届きにくいことも少なくないからです。

しかし、海外の公衆トイレは事情が異なります。男性用と女性用の入口が離れて設けられていたり、建物の表と裏に分かれているなど、犯罪者が犯行に及ばないようにデザインされているものが多いのだといいます。たとえ犯罪者に「犯罪をしたい」という動機があ

って も、成功しなさそうなら「ここは無理か」とその場から退散します。「子どもに性加害をする」といった動機を持った人が、犯罪をする機会に巡り合って初めて犯罪が起きる。たとえ動機をなくせなくても、その機会さえ与えなければ犯罪は起きない――この考えを「犯罪機会論」といいます。

日本ではまだまだ「不審者に気をつけましょう」「あやしい人にはついていかない」「防犯ブザーを鳴らそう」など、子どもが犯罪者にどう対処するかを念頭において注意喚起することが多いです。しかし、前述のとおり小児性犯罪者は街の風景に溶け込んでいるので、見た目だけではどんな人かわかるはずはありません。「不審者」だけでなく「危ない場所」を避ける視点も、子どものための防犯面ではとても重要になってきます。

社会全体で小児性犯罪を含む犯罪者の犯行の機会を奪うためにも、「入りにくく見えやすい」場所をつくることは社会全体の喫緊の課題だといえます。

原因は性欲ではない

加害者は子どもの誘い方や関係性づくりに非常に長けています。彼らは、場所・時間帯・ターゲット・状況などを見極めて、巧妙に加害行為を繰り返します。

よく「性犯罪は性欲が原因だ」という言説がありますが、それは違います。これを私は性欲原因論と呼んでいますが、これでは性犯罪の本質は理解できないままです。加害者本人も「これは自分の性欲が原因で、自分はそれが抑えられなかったからだ」と思い込んでしまうからです。

しかし、小児性犯罪に限らず、痴漢や盗撮などあらゆる性犯罪の文脈において、彼らが「性欲が原因」と考えるようになるのも無理はないと思わされることもあります。とくに痴漢の場合、その傾向は甚だしいものです。『痴漢とはなにか　被害と冤罪をめぐる社会学』（エトセトラブックス、２０１９年）を著した牧野雅子さんには警察官として勤務した経験がありますが、警察には「性欲を主体として調書を取る」というマニュアルがあることが同書では明かされています。

これはクリニックの加害経験者らから聞くエピソードと一致します。彼らのほとんどに逮捕された経験がありますが、警察で取り調べを受けたときのことを聞くと、「性欲を抑えきれなくて犯行に及んだのだ」というストーリーが用意されており、それを認めるだけだったという話がたびたび出てきます。なかには、警官から「妻とはセックスレスかぁ、それはお前もつらかっただろう」と気の毒がられた、と話す人もいました。

裁判になると、検察官が被告（加害者）に「あなたは性欲を抑えきれなくなり、犯行に及んだんですよね」と尋ねます。これはとてもストレートな聞き方で、もっと歪曲的な方法が取られることもあります。情状証人として出廷した妻に「事件を起こす前、あなた方には夫婦関係がありましたか？」「セックスレスでしたか、どうでしたか？」と尋ねることで、被告は性欲をもて余していたということを裁判官に印象づけるというものです。

私も情状証人として出廷することがあるので、こうした光景を何度も法廷で見聞きしていますが、即刻改めるべき慣習だと思っています。そこには、妻のせいで夫の性欲が暴走し、犯罪行為という結果になったというバイアスがかかっています。妻へのセクハラである点も問題ですが、さらに悪いことに被告本人がこの考えを内面化し、「男が性欲を抑えきれないのは仕方ない、だから自分が性加害をしたのは仕方がないんだ」という価値観を強化する道具に使うこともあります。まさに日本は男の性欲に甘い「ちんちんよしよし社会」だなと実感します。

私は「男性とは性欲をコントロールできない生き物だから、性犯罪を犯すものだ」という言説に、なぜ男性から反論が起きないのか不思議に思っています。これは男性から「違う、そんなことはない」とはっきり否定しなければなりません。友達との雑談中に性欲の高まりを感じても、その場でマスターベーションをする人はいません。男性にとっても大変不名誉な価値観だと思います。

この性欲原因論の行きつく先が、「性欲を喚起させた被害者が悪い」と考える責任転嫁です。さすがに幼い子どもが性暴力の被害者になったときに、子どもの落ち度をあげつらう人はいないと思いますが、痴漢などの性暴力で「露出度の高い服を着ていたから」「短いスカートをはいているということは、盗撮してもOKというサイン」など、加害行為を被害者の責任にする考え方は、セカンドレイプ（二次被害）にもつながります。

とくに子どもが被害者の場合は親、とくに母親の落ち度を指摘するような発言が見られます。「ちゃんと面倒を見ていなかったから」「子どもらしくない洋服を着せていたから、変質者を刺激したんだ」というような具合です。

２０１７年３月に千葉県松戸市で当時９歳の女児が殺害された事件で、強制わいせつ致死などの罪に問われた男は、被告人質問の際に「親が守っていればこんなことにならなかった」「ひとりで行かせたから事件にあった」と、あたかも自分が女児を殺したのは両親の責任であるかのような発言をしました。凄まじい認知の歪みです。

当然ながら、子どもが性暴力にあうことと、親が目を離していたことには、なんの因果関係もありません。そもそも性暴力をやっていい理由なんかどこにもありません。この自己の加害行為を正当化する「認知の歪み」については、P97でも詳しく取り上げます。

繰り返しますが、加害者はいくら子どもに触りたいと思ったとしても、けっして交番の前では加害行為に及びません。加害できる場所や状況、時間帯、ターゲットを慎重に選んでいるのです。

決まり文句は「ふたりだけの秘密だよ」

ここまで、さまざまな事例から、①オンライン、②面識のある間柄、③面識のない間柄と3つのグルーミングの類型を見てきました。

性暴力においては、当然ながら被害者が存在します。彼らひとりひとりの痛みは、ひとつとして同じものはありませんし、けっして相対化できるものではありません。一方で、加害者の手口に焦点を当てると、それらはまるで示し合わせたかのように似通っているのです。もちろんそこにマニュアルがあるわけではありませんし、「ペドフィリア・コミュニティ」のような横のつながりもなければ、事前に誰かと打ち合わせをしているわけでもありません。それにもかかわらず、あらゆるケースにおいて手口は見事にパターン化しているのです。

まずパターン化しているのは決まり文句です。彼らが被害者に告げる言葉には、オンラインであろうと、顔見知りであろうとなかろうと、「口外禁止」「ふたりだけの秘密」という2つの要素が、必ずといっていいほど含まれます。

「あくまでこれは性教育。犯罪ではないんだ。誰も教えてくれないんだから、僕が教えてあげる」
「だから誰にも言ってはいけないよ」
「お母さんに話すと大変なことになるからね」
「もしバレたら、親を悲しませてしまうことになるよ」

などがよくある事例です。小児性犯罪者は、被害者に対して「性教育」という大義名分のもとに加害行為に及びます。その際、彼らは「ふたりだけの秘密」と偽り、口止めをします。子どもは純粋ですから、大人から「言ってはいけない」と言われれば、黙ってしまいます。また、それにより、被害が深刻化するまで親も気づくことができません。

これらの言葉によって、加害者は自分の行動や認知を正当化していきます。これを「セルフグルーミング（自己グルーミング）」とも呼びます。

グルーミングの5つのプロセス

残念ながら日本ではグルーミングについての研究は進んでいるとは言いがたい一方で、欧米ではかなり進んでいます。アメリカのフェアリー・ディキンソン大学のジョージア・ウィンターズらによれば、グルーミングは5つのプロセスに類型化できるといいます。[*4]

①被害者の選択

まずここでは、加害者は「どんな子どもなら自分が手なずけられるのか」、加害できそうなターゲットを探します。具体的には自尊心が低い、孤立している、貧困状態、物理的に父親が近くにいない子ども、母子家庭で「父親」という存在を求めている子どもなどです。事例④（Ｐ44）などはその典型例です。

②子どもにアクセスし、分離を進める

加害者は子どもに近づいて、ほかの大人から隔離しようとします。子どもを対象としたスポーツイベントやボランティア団体で指導者的な立場になる、習い事の個人指導をする、ベビーシッターとして働くなどの例が挙げられます。また、心理的にも「自分だけが君を理解しているんだよ」「家族の人は誰も君のことをわかってくれていないね」などと吹き込んで、家族や友人と引き離し、孤立させていきます。

③信頼を発展させていく

子どもを褒める、ゲームの有料アイテムをあげるなど報酬を与える、その子の好きな活動に関心を示す、さらには薬物やアルコールを用いて、信頼関係や愛情関係を築いていきます。子どもは、一見やさしそうな大人から関心を寄せられたり、悩みを共感してもらうことに喜びを覚え、加害者に対して信頼感や恋愛感情を抱いていきます。

④性的コンテンツや身体的接触に鈍麻《どんま》させる

加害者は性的な話をしたり、性的な接触をする、またはマッサージをする、くすぐる、膝に乗せるなど、一見すると性的には見えない接触を通じて、子どもを性的な刺激に慣れさせ、子どもたちの感覚を鈍麻させていきます。

「人はどんなことにでも慣れる存在だ」とはドストエフスキーの名言のひとつですが、人は生きていくために環境に適応していきます。もちろんその習性が功を奏することもありますが、加害者はそれをグルーミングに悪用していくわけです。

事例④も加害者は「芸術作品だから」という口実で、女性のヌード写真を女子生徒に見せていました。女子生徒も最初は驚くでしょうが、やがて「ヌード写真はたいしたことではない」と鈍麻していくことが加害者の狙いなのです。

⑤虐待後の維持行動

加害者は子どもたちが性的行為を誰にも言わないように口止めをし、「君を愛している」「あなたは特別だ」などとやさしい言葉をささやいて、加害行為を継続できるようにします。

事例②（P36）のように性加害後に小遣いを渡すというのもその一例です。また、加害者はやさしい言葉だけをかけるのではなく、「このことを話したらママが悲しむよ」など脅すのもこの維持行動に当てはまります。いわばアメとムチを巧妙に使い分けるのです。

＊1『追跡・SNS性犯罪～ネット上で狙われる子どもたち』NHK「クローズアップ現代」、2021年11月4日
https://www.nhk.or.jp/gendai/articles/4604/

＊2「『ジャニーさんのひざの上に乗って耳舐めなきゃだめだよ』〝ジャニー性被害〟を26年前に告白した元アイドル・豊川誕が明かす《芸能界の悪習》と《ジュリー社長への願い》」文春オンライン、2023年7月1日
https://bunshun.jp/articles/-/63942

＊3 小宮信夫「『危険なトイレ』と『安全なトイレ』は何が違う？　女性専用トイレ廃止問題を『犯罪機会論』から考える」Yahoo! ニュース、2023年4月18日
https://news.yahoo.co.jp/expert/articles/d1906677ba273a899d15f913e6ff7be7e6cdaa8e

＊4 Winters, Georgia M. et al. "Toward a Universal Definition of Child Sexual Grooming." *Deviant Behavior* 43 (2022): 926 - 938.

第2章

子どもを狙う加害者の頭の中

加害者は透明人間になる

第1章では、個々の具体例からグルーミングの手口を述べてきました。子どもとの信頼関係を根気強く構築するグルーミングは、見ず知らずの人に性加害をする痴漢や盗撮とは明らかに違うことがおわかりになったかと思います。

ここまで読んだ方のなかには、「いったい加害者は何を考えているんだ」「本当に人間なのか」と憤りを感じた方もいたと思います。未成年の子どもを持つ親御さんなら、なおさらでしょう。

加害者の実態は、実はあまり語られていません。小児性犯罪者について語る際、私がよく言うのが「加害者は透明人間になる」ということです。

性加害者にとってもっとも優先すべきことは、加害行為が露呈しないことです。つまりいかにバレないか、逮捕されないかということが彼らにとって重要なのです。そのため、彼らはまるで透明人間のように街の景色に溶け込んで加害をします。目深に被った帽子にサングラス、口元にはマスクをして、季節外れの長いコートを着る……というような見るからにあやしい加害者は、まずいません。

その手口の巧妙さについては、第1章で述べたとおりです。子どもだけでなく、親やコミュニティまでも加害者に手なずけられてしまうため、被害の実態は明るみに出ません。被害者の告発があって、初めて加害者の輪郭が明らかになるのです。

社会問題となったジャニーズ事務所の性加害問題においても、加害者とされる喜多川氏は残念ながら「透明人間」のまま亡くなってしまいました。この問題が大々的に報じられるきっかけとなったBBCのドキュメンタリー番組では、レポーターが街行く人々にマイクを向けた際の、「（性加害についての）うわさは聞いたことあるけど、亡くなってしまった以上、触れたくない」「これはそんなに表立って追及すべき問題ではない」といった声も収められていました。

もちろんこれが日本の民意を反映しているとは言いがたいです。しかし、加害者とされる人物の口から真実が語られる術がないいま、性加害の実態を明らかにするためには、被害者の告発を集めていくこと以外に方法はないといえるでしょう。

この章では、私が専門とする加害者臨床の現場から見えた加害者の実態、さらには彼らを生み出した社会背景をひもといていきます。加害者の実態と背景が広く知られることは、社会全体で子どもの性被害を防ぐ有効な手立てとなるはずです。

子どもを見ると「吸い込まれるように近づいてしまう」

「好みの子どもを見ると、まるでそれに吸い込まれるように近づいてしまうんです」

これは私が勤めるクリニックで、実際にプログラムを受けている当事者の言葉です。クリニックでは、２００６年から痴漢や盗撮、露出、下着窃盗、レイプ（不同意性交）といった性犯罪を繰り返す人を対象とした専門外来を日本で初めて開設しました。当初から、子どもに性加害をしてきた人（小児性愛障害）もそのなかに含まれていましたが、治療定着率が低く、長続きせず途中でドロップアウトしてしまう事例も少なくありませんでした。

先ほどの当事者の言葉が示すとおり、子どもへ性加害を繰り返す者の対象行為への執着性と衝動性の強さは、ほかの性加害者と比べても別格だといえます。

これは少し古いデータですが、アメリカの研究者ジョナサン・エイブルの有名な性犯罪研究では、「未治療の性犯罪者は生涯に平均して３８０人の被害者に対し、延べ５８１回の加害行為をしている」と指摘しています。これは子どもへの性加害だけではなく、あらゆる性暴力を含みます。

この数字自体、驚くべきものです。さらに以前、私がとある地方の刑務所で子どもへの性加害者に対して再犯防止プログラムを実施していた際、参加者のひとりが「僕の場合は、少なく見積もってもその3倍はやってると思います」と真顔で言っていました。この発言に対して、同席したほかのメンバーも大きくうなずきました。

つまり、ひとりの加害者が１０００人を超える子どもに加害行為を行い、しかもそのほとんどが誰にも気づかれず、被害者はそのときは何をされたかわからないことが多いため事件化しない……ということです。

また、刑務所内での再犯防止プログラムが終わった後に、ある受刑者からはこんな本音を打ち明けられたことがあります。「先生、俺このまま刑務所から出たくないよ」「また絶対に小さい子をやってしまうのがわかってるんだ」。

刑務所に収監されている限り、小さい子どもと接触する機会はありません。しかし、刑罰を受けてもなお、いざ出所したら自分が再び性加害を繰り返してしまうことを頭では理解している。この言葉は彼らのそんな切実な思いを伝えるメッセージに思えて仕方ないのです。

小児性犯罪の異様な再犯率の高さ

小児性犯罪は、ほかの性犯罪と比べて再犯率が高いことはよく知られています。法務省

再犯調査対象者　再犯率（性犯罪者類型別）

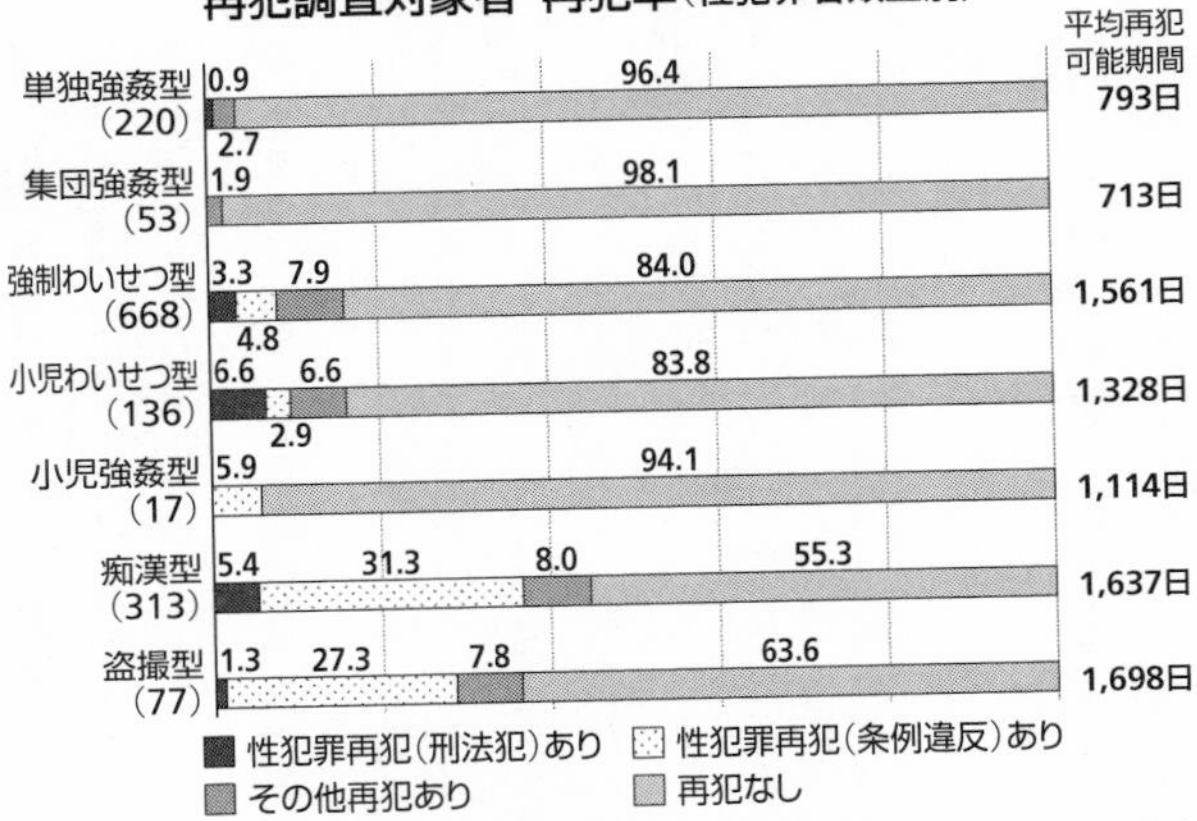

出典：法務省「平成27年版 犯罪白書」第6編 性犯罪者の実態と再犯防止
https://www.moj.go.jp/content/001162857.pdf

の法務総合研究所の調査によると、裁判確定から5年が経過した時点での再犯の有無を示す再犯率は、低年齢の子どもを狙った小児わいせつ型の対象者で「性犯罪再犯あり」が9・5%、「その他再犯あり」は6・6%でした。全再犯率は、痴漢型がもっとも高く、次に盗撮型、小児わいせつ型、強制わいせつ型、小児強姦型、単独強姦型と続きます。

これだけ見るとそこまで高い数字ではなさそうですが、注目すべきは「どんな罪で再犯しているか」です。小児わいせつ型は、性犯罪再犯、つまり強制性交等罪や強制わいせつ罪で再犯している人が、ほかの性犯罪者と比べて高いのです。

性犯罪前科2回以上の者
同型性犯罪前科の有無別構成比（類型別）

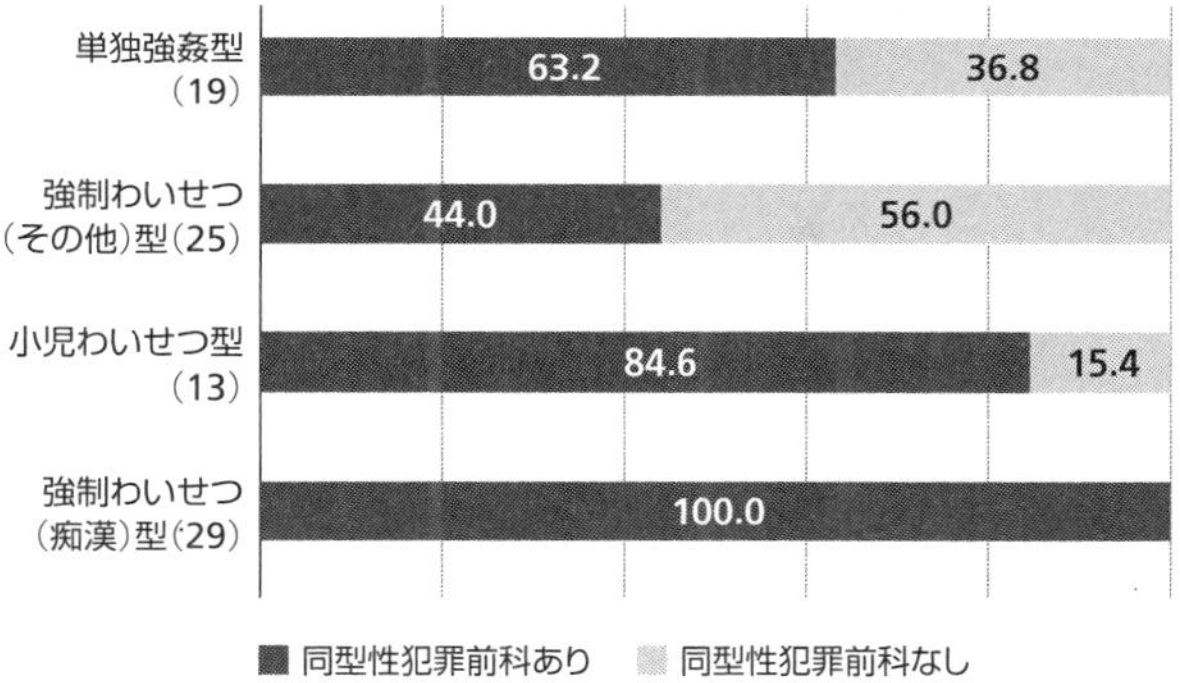

出典：法務省「平成27年版 犯罪白書」第6編 性犯罪者の実態と再犯防止
https://www.moj.go.jp/content/001162857.pdf

さらに、性犯罪の前科が2回以上ある人に絞って、同じ性犯罪の前科があるか調査したのが上の図です。ここでは小児わいせつ型の13人のうち、84・6％にあたる11人に小児わいせつ型の前科があるということです。痴漢を除く強制わいせつ型（44・0％）や単独強姦型（63・2％）と比べても、同一類型の小児わいせつ型性犯罪を繰り返す傾向がうかがえます。

つまり、子どもへのわいせつ行為で逮捕され刑務所に入ったにもかかわらず、出所してまた子どもに性加害を繰り返していた……という実態がデータからも明らかになっているわけです。

なぜ力が弱く、抵抗もできない子どもへ

の性暴力を繰り返すのか――このもっともシンプルな問いこそ、善良な市民が抱く共通した疑問であり、憤りだと思います。

ここからは、小児性犯罪者の異様な再犯率の高さ、病的なまでの執着の裏にある背景事情を解説していきます。

初めての加害行為からクリニック受診まで平均14年

２００６年5月から２０１８年12月まで、私が勤めるクリニックでは、子どもへの性犯罪者１１７名に対して治療を行ってきました（２０２３年９月時点で２００名を超えています）。ここであらためて当院のデータを参照しながら、子どもへの性犯罪者の背景を詳《つまび》らかにしていきたいと思います。

当然、これは当院におけるデータですので、世のすべての小児性犯罪者を表したものではありませんし、あくまでも氷山の一角です。しかし、一定の実態を浮かび上がらせるものだと思います。

まず、性加害者が何歳のときに当院につながったか、という「初診時の年齢」についてです。初めて受診した年齢において、最年少は17歳、最年長は62歳でした。ボリュームゾーンは20～40代で、平均年齢はおよそ35歳です。

ここで注意しなくてはならないのは、あくまでもこれは「初診時」に彼らが何歳であったかというデータであり、初めて性加害をした年齢ではないことです。これはのちほど詳しく述べますが、彼らは性加害が発覚したり、事件化し逮捕されたことで初めて専門機関へとつながります。逆にいえば「僕、子どもに性加害をしてしまって……」「自分はひょっとして、このままいくとやばいのでは？」などと罪悪感を抱いたり、自らの加害者性を自覚して、当院に自分からアクセスするというケースはほとんどありません。

クリニックでは、彼らが初めて問題行動を起こした年齢、つまり子どもに初めて加害行為をした年齢を聞いています。これはあくまでも自己申告ではありますが、下は8歳、上は57歳とこれまた幅広く、平均すると約21歳という結果になりました。

ここで立ち止まって考えたいのが、「その間にどれぐらいの被害者がいたか？」という問題です。個人差がありますが、一般的には専門機関につながるまでの時間が長くなればなるほど、加害行為に及ぶ回数は増えていくと考えられます。また、ひとりの被害者に時間をかけてグルーミングをすることも考えられるので、加害回数と被害者の人数は分けて考えたほうがよいでしょう。

しかし、先に挙げたエイブルの「未治療の性犯罪者は生涯に平均して３８０人の被害者に対し、延べ５８１回の加害行為をしている」という言葉からわかるように、治療機関につながるまでの時間が長くなればなるほど、被害にあう子どもの数も増えると見てよいと思います。

クリニックのデータでは、初診時の年齢と初めて性加害に及んだ年齢の開きがもっとも大きかった人は、なんと49年でした。その人は最初に加害行為を始めたのが８歳で、57歳になって初めてクリニックにつながりました。その間、一度も周囲に発覚せず、問題行動を繰り返していたというわけです。

これらのデータをあらためて平均すると、彼らが初めて子どもに加害行為をしてから当院を受診するまでの平均は、約14年となりました。また、受刑歴がある人と逮捕歴がある人は合わせて85%にのぼっています。つまり、平均14年もの間、一度も罰せられることなく、子どもへの加害行為を繰り返していたということになります。ちなみに痴漢が平均約８・１年、盗撮が平均約７・２年ですから、加害行為をし続ける時間としてはあまりに長すぎるといえます。

「小児性愛障害」という精神疾患

グルーミングを含めた子どもへの性加害を繰り返す人のなかには、「小児性愛障害」という診断が下されるケースが多いです。ここであらためて小児性愛障害について説明していきます。

小児性愛障害とは、通常13歳以下の子どもに対し、性的関心を持つ精神疾患です。英語では「ペドフィリア（pedophilia）」と呼ばれ、その大半は男性です。

小児性愛障害と診断されるには基準があり、国際的な診断ガイドラインDSM－5によると以下の3つです。

①少なくとも6か月間にわたり、思春期前の子どもまたは複数の子ども（通常13歳以下）との性行為に関する強烈な性的に興奮する空想、性的衝動、または行動が反復する

②これらの性的衝動を実行に移したことがある、またはその性的衝動や空想のために著しい苦痛、または対人関係上の困難を引き起こしている

③その人は少なくとも16歳で、基準①に該当する子どもより少なくとも5歳は年長であ

る

＊青年期後期の人が12～13歳の子どもと性的関係を持っている場合は含めないこと

性障害専門医療センターSOMECの福井裕輝医師によれば、小児性愛障害は、性的な欲求が13歳未満の児童のみに向けられる「純粋型」と、13歳未満もそれ以上の成人も対象とする「混合型」に分かれているといいます[*1]。

たとえば、「純粋型」の小児性愛障害者の場合、13歳頃までは同世代の子どもを性的な対象とみなしていたのに、10代後半頃になってもその対象年齢が変わらず、「自分は周りの人とは違うのかな」など違和感を感じるようになります。そこで試しに同年齢ぐらいの相手と交際しても、違和感や満たされなさを抱き、やがて子どもへの性的嗜好を自覚するようになる……というのが典型例です。純粋型は遺伝的要因があるという説もありますが、世界的にもあまり研究は進められていないので、ここではこれ以上ページを割いて深追いはしません。

しかし小児性愛障害といっても、13歳以下の子ども〝しか〟加害しない人は実は少数派で、13歳以上の未成年や成人女性も加害対象になっている人もいます。当院の１１７名のデータでは、約1割が純粋型、そして残りの9割は混合型でした。

第1章で取り上げた事例①の加害者Aのように、配偶者と子どもがいながらもほかの子どもへのグルーミングを行うタイプも、この混合型といえるでしょう。私が治療にあたった小児性犯罪者のなかにも、成人ならば男女ともに性の対象になるものの、加害行為を行うのは決まって男児のみという人もいました。加害当事者のなかには、複雑な性的指向（セクシュアリティ）や性的嗜好を持っている人も少なくないので、臨床の場では初診の段階でそれらを逐一確認することが欠かせません。

また、実際に子どもに性的な関心を持つ人は、男性では人口の5％程度いるといわれ、女性ではそれより少ないと考えられています。[*2] 私が臨床の現場で関わるのは主に男性ですが、数年前に女性の小児性愛障害者に初めて出会いました。彼らの性的対象となるのは異性、同性どちらもありえます。

子どもへの性加害には依存性がある

先ほど、再犯のリスクを自覚している加害者の「好みの子どもを見ると、まるでそれに吸い込まれるように近づいてしまう」という言葉を取り上げましたが、子どもへの性加害は、その反復性や衝動性の高さから〝アディクション〟としての側面もあります。日本語でいえば依存症（嗜癖）であり、性的嗜癖行動は行為依存に分類されるといえるでしょう。この加害者の言葉は、その病的な状態を端的に表していると思います。

依存症とは「ダメ（有害）だとわかっているのに、やめたくてもやめられない」状態です。一番イメージしやすいのは薬物でしょうか。「次またやったら捕まる」と頭ではわかっているのに、テレビで覚醒剤のイメージ画像を見ただけでそれが引き金となり、手を出してしまう……というのが依存症のポピュラーなイメージです。社会的損失や身体的損失があるとわかっているのにもかかわらず、執着がやめられず、すっかり習慣化してしまっている状態です。

依存症は、大きく3つのタイプに分けられます。

①物質依存

なんらかの精神作用物質を習慣的に体内に取り入れることで生じる依存症のことです。主に薬物やアルコール、処方薬やニコチン、カフェインなどに耽溺《たんでき》することを指します。

②行為依存

ある行為自体やそのプロセスに耽溺してしまう種類の依存症です。具体的には、ギャンブルやリストカット、抜毛癖（トリコチロマニア＝髪の毛や眉毛など体毛を抜く行為）などの自傷行為、さらに買い物やゲーム、万引きをやめられないクレプトマニア（窃盗症）も行為依存にあたります。

たとえば万引きを繰り返してしまう窃盗症者なら、その商品自体がほしいのではなく、そこに至るまでのリスクやスリル、高揚感や緊張と緩和のサイクルにハマっていくことをイメージするとわかりやすいと思います。手段が目的化していく、いわば「窃盗のための窃盗」です。また、痴漢や盗撮などの性的な逸脱行動を繰り返す人、さらに広い意味ではワーカホリック（仕事依存）もこのカテゴリーに当てはまります。

③関係依存

恋愛や、親と子の密着した関係に依存することです。ＤＶや児童虐待など、家庭内における暴力の問題もはらんでいます。

これらは完全に分けられるものばかりではなく、子どもへの性暴力は、行為依存や関係依存の両方の側面を持ち合わせています。

依存症のメカニズムについてここでは深掘りは避けますが、特定の行動や状況、条件下によって脳にある「報酬系」と呼ばれる神経回路が刺激され、満足感や快感を得るドーパミンが分泌されると、この報酬系は問題行動による達成や成功という条件付けによって強化され、やがて条件反射の回路ができあがっていきます。

子どもへの性暴力の場合は、「子どもに触れたい」「子どもと性行為をしたい」などという持続的かつ慢性的な願望や行動が報酬系回路を刺激し、その成功体験が重なるたびに学習された行動は強化され、やがては嗜癖行動へと発展していくのです。

加害の「原因」と負うべき「責任」は分けて考える

「本当に悪いと思っているのならやめられるはず」「やめられないのは意思が弱いからだ」と思う方もいるでしょう。とくに被害者のいる小児性愛障害の場合はなおさらです。

「子どもとの性的接触は、ほかの何にも代えがたいほどの刺激だ」と彼らは語ります。こういった強烈な刺激を繰り返し得ることで、条件反射の回路は強固になっていきます。やがて問題行動への渇望が高まり、やめたくてもやめられなくなっていく……これが依存症のおそろしさです。

もちろん、「小児性愛障害は病気だから仕方がない」「依存症の側面もあるのだから許されていい」ということは断じてありません。被害者にとっては、加害者が病気だろうと、そうでなかろうと関係のないことです。

私はこれまで痴漢や盗撮などさまざまな性加害と行為依存の関係について、書籍やメディアを通じて発信してきましたが、終始一貫して主張しているのは、「問題行動は、治療教育によって変容ができる」ということです。つまり、適切な治療によって加害者の問題行動を止め、新たな被害を食い止めることができるのです。

「まるで吸い込まれるように子どもに近づいてしまう」と語る小児性愛障害者には、衝動を制御できない衝動制御障害としての側面があることも事実です。しかし何度も言うように、彼らは交番の前では性加害には及びません。巧妙に場所やシチュエーションを選んで子どもたちを選定し、時間をかけ、さまざまな手段で手なずけていきます。

そのため、小児性愛障害という精神疾患と、本人が選択的に行っている行為責任は分けて考えていかなくてはなりません。加害行為に至った「原因」と、それによって担うべき

「責任」は分けて考えるという原則があります。

行動化しない小児性愛障害者もいる

話は小児性愛障害に戻ります。

あまり知られていませんが、小児性愛障害と診断されたすべての人が加害行為を起こすわけではありません。これは留意すべきポイントです。

具体的には、13歳未満の子どもとの性的な接触を妄想しながらマスターベーションをすること、漫画などの創作物も含む児童ポルノを愛読することなど、児童への性的嗜好は必ずしも直接的な加害行為を含むわけではないということです。加害行為をせずに一生を終える人も一定数います。子どもへ性的な欲求を抱く小児性愛障害者と、実際に加害行為を行う小児性愛障害者は、分けて考えたほうがよいでしょう。

また、小児性愛障害と診断されていない者でも、過度なストレスや夫婦関係、アルコールや薬物などが引き金となって子どもに性加害を行うこともあります。

このように述べると、「実際に被害者がいるわけじゃないのなら、児童ポルノ（子どもを加害する創作物）を楽しむ分にはいいだろう」「児童ポルノがあるおかげで犯罪が減っている」「児童ポルノも表現の自由だ」という声も聞かれます。ときに表現の自由を巡る問題では、SNSなどで議論が過激化し、空転しています。

いまの法律では、子どもを性的な対象として描いていても、漫画やアニメなどの「二次元」の創作物であれば、処罰には当たりません。むしろ市場には氾濫《はんらん》しています。こうした状態こそが、欧米諸国から奇異の目で見られているゆえんでもあります。

この現状を前に、性加害者の治療・更生に携わってきた専門家として明言しておきたいのが、空想や衝動が長期間にわたって繰り返されると、それが習慣化し、行動化へのリスクが高まるという事実があるということです。

子どもへの性加害を繰り返した末、当院で治療を受けている人のほぼ9割以上は、児童ポルノを持っていた、もしくはそれを使った自慰行為を反復的に行っていたというデータもあります。ある小児性愛障害の当事者は、プログラム内でこのように語っていました。

「私は子どもを対象とした加害行為を長年繰り返してきましたが、加害行為を成功させるには情報が必要で、同じ嗜好の人たちとのコミュニティや、すでに成功している人のコミュニティにいくつも参加して『加害情報』を集めていました。リアルの世界では話せないことでも、そういった〝同業者〟の輪に入って堂々と加害願望や性的ファンタジーを話している時間は幸せで、共感されたり、自分が創作した児童ポルノを褒められたりしているうちに、犯罪であることなどすっかり忘れていました」

児童ポルノは「パンドラの箱」

ここで、Ｐ22の事例①の小学校教諭Ａの例を振り返ってみましょう。実はＡは事件を起こす前から、かなりの児童ポルノ愛好者でした。

Ａが子どもへの性的嗜好を認識したのは、独身時代のことでした。当時はインターネット黎明《れいめい》期。たまたまアクセスしたサイトで児童ポルノを目にしたＡは、かなり強い衝撃を受け、そのとき初めて自分の潜在的な性嗜好を自覚したそうです。「パンドラの箱が開いた」と彼は表現していました。

児童ポルノといえば、児童買春・児童ポルノ禁止法を思い浮かべる人もいるでしょう。この法律が施行されたのは１９９９年。18歳未満の子どもの裸やそれに準じる姿の撮影を「児童ポルノ製造」として禁じ、送付・提供や公開することも禁じられました。さらに２０１４年6月の改正では「単純所持の禁止」が新たに追加されました。自分の性的好奇心から児童ポルノの写真やビデオを所持している場合や、スマホやクラウドなどに保存している場合も処罰の対象となったのです。

しかし、のちに女児に性加害するAが児童ポルノを目にしたのは、この法律ができる以前のことです。当時のインターネットでは児童ポルノは「見放題」、いわば無法地帯だったわけです。Aは子どもや児童の性的描写を見て自慰をし続けていましたが、頭では「このままではまずい」と考え、葛藤も抱えていたといいます。その後、妻となる女性と知り合い、結婚生活を続け、子宝にも恵まれたものの、子どもへの性加害に及んでしまったわけです。

子どもへの性暴力の背景にあるのは、「児童ポルノを見ているから加害行為をするのだ」などといった一元的な因果関係だけではありません。このAの場合は、児童ポルノに加えて、仕事に熱心で、かなりのワーカホリックであることも見受けられました。また、加害行為に及ぶ前には飲酒量がかなり増えており、健康診断で断酒治療を促される状態でした。

ワーカホリックとアルコールへの耽溺、そして依存症の関係は、拙著『男尊女卑依存症社会』（亜紀書房）で詳しく述べていますが、自己犠牲的な働き方により、適切なストレス対処法が行えず、なんらかの依存症に陥ってしまう人はとても多いです。もともとの小児性愛障害傾向やアルコール依存症の側面、ワーカホリック、過度なストレス、逆境体験を伴う過酷な成育環境などさまざまな要因が複雑に絡み合い、加害行為に及んでいるわけです。

しかし、やはり小児性犯罪者への児童ポルノによる影響は看過できません。児童ポルノを通して、彼らは「子どもは性的な存在である」というメッセージを受け取り、学習し、加害行為の成功体験とともに認知を歪めていくのです。

児童ポルノが、小児性愛障害と診断された者の次の性加害の引き金になっている実態があるなかで、子どもを性的な対象として描いている創作物が、「守られるべき表現の自由」に値するのでしょうか。

英語圏で行われた46の実証研究をPaolucci, et al.（2000）がメタ分析した結果、ポルノにさらされると、「逸脱的な性行動をとる傾向」「性犯罪の遂行」「レイプ神話の受容」「親密関係に困難をきたす経験」がいずれも2〜3割程度増えることが明らかになりました。

また、Ybarra, et al.（2011）が10〜15歳の男女を対象に、「暴力的な性的描写の視聴経験」と「性的な攻撃行動」との関連性を調べた研究があります。それによれば、暴力的な性的描写を見たことがある子どもは、見たことがない子どもよりも、性的な攻撃行動をとった経験が6倍も高いという結果でした。一方、ポルノ規制が論じられる際によく引き合いに出される「カタルシス効果（ポルノによって性欲が解消されて性犯罪が減る効果）」という主張を支持する実験結果はほぼ皆無です。

さらに、米連邦刑務局のBourke & Hernandez（2009）は、ネットを利用した児童ポルノの所持・受領・配布で逮捕された受刑者のうち、85%が子どもへの性犯罪を起こしていたことを明らかにしました。また、ネット上で児童ポルノにさらされると「児童を性的対象とみなす」「児童をモノ化する」「被害者の苦しみへの想像力が麻痺する」といった影響を受けることも示されました。そしてこれは、同様の欲望や性嗜好を持つ人々が集まるネット上のコミュニティに没頭した場合に、より強く現れることがわかりました[*3]。

以上のような調査・研究より、たとえ一例でも児童ポルノが引き金となって加害行為につながり、被害者が出ているのであれば、児童ポルノの罰則や規制についてもっと真剣に議論するべきだと思います。

男児をターゲットにする理由

グルーミングや子どもの性暴力において、女児だけでなく男児もターゲットになりうることは第1章でも触れてきました。

法務省の「性犯罪に関する総合的研究」では、強制わいせつの被害者数の20年間（１９９５～２０１４年）の推移が性別及び年齢層別にグラフで示されています。２０１４年に強制わいせつの被害にあった男性は２１４人、女性は７１８６人と、圧倒的に女性のほうが多いですが、男性だけで見ると、０～12歳の被害者が半数以上を占めています。

加害者の目線でいえば、「自分が性的に見る対象が男性だから、加害行為の対象も男児になる」という、いわば性的指向（セクシュアリティ）だけが理由ではありません。なかには、「女児よりも男児のほうが声を上げにくいから狙いやすい」という理由で男児をターゲットにする者もいます。一般的に、女児よりも男児のほうが警戒心が薄いことや、男児のほうがズボンを脱いでしまいやすいことなどといった傾向を加害者が熟知しているからです。

加害者はどうすれば自分が逮捕されずに問題行動を続けられるのか、そのためにはどんな選択肢がもっとも正しいのかを熟知しています。

強制わいせつ　被害者の人員の推移（年齢層別）

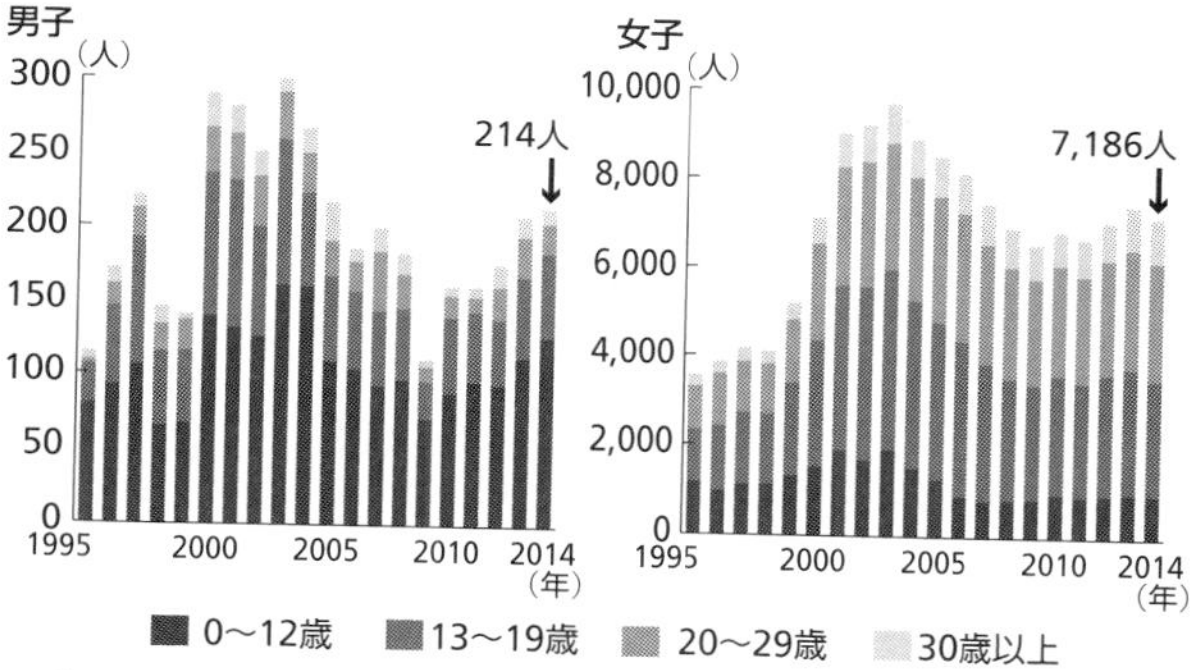

注1　警察庁の統計による。
注2　一つの事件で複数の被害者がいる場合は，主たる被害者について計上している。

出典：法務省「性犯罪に関する総合的研究」第2章　性犯罪の動向
https://www.moj.go.jp/content/001178520.pdf

たとえば面識のない間柄のグルーミングにおいて、女児がトイレに入る際、その後をついて行くと、おそらく周囲の人からも不審に思われ、場合によっては通報されてしまいます。しかし、自分が男性で、グルーミングのターゲットが男児なら、同じタイミングでトイレに入ることも容易でしょう。そこで加害者は「ちょっと来てごらん」などと言葉巧みに男児を個室に誘い込み、性器を触ったり、口淫させたり、半裸の下半身の写真を撮ったりといった加害行為に及びます。

このように、「男児のほうが物理的にターゲットにしやすい」という理由から男児を狙う加害者が実は多いことは、あまり知られていないように思います。

加害者が使う「かわいい」の意味

小児性犯罪者は、よく「かわいい」という言葉を用います。

治療の現場で私が小児性犯罪者に「子どものことをどう見てるのか？」と尋ねると、彼らは「かわいくて仕方なかった」「子どもは見ているだけでかわいい存在なんです」「傷つけちゃいけないかわいい存在だから大切に扱いました」などと異口同音に答えるのです。

ここでは、この「かわいい」という言葉から、彼らの頭の中を考察していきたいと思います。

日本では、「かわいい」という言葉が古くから使われてきました。[*4] 平安時代に清少納言が書いた『枕草子』における「うつくしきもの。瓜に描きたるちごの顔（かわいらしいもの。瓜に描いた幼い子どもの顔）」という記述が「かわいい」の源流ともいわれ、日本人には小さくてかわいいもの、人、動物を愛おしく思ってきた文化的背景があります。

また、いまや日本語の「かわいい（kawaii）」はsushiやmangaと並んで世界中で使われています。日本のポップカルチャーは“Kawaii Culture”などと称され、カラフルなカフェや服、人気のアニメキャラクターなどを求める海外からの観光客も大勢います。2009年には、外務省も日本のポップカルチャーを海外に発信するべく、3名の女性を「ポップカルチャー発信使（通称：カワイイ大使）」と命名し、国を挙げて「かわいい」を日本の文化産業として世界に広めていこうとした経緯もあります[*5]。

いまや世界中に広まった「かわいい」という概念は、元来は自分よりも弱く小さいものに対する言葉ですが、純粋に愛すべき点を称えるために使っている人も多いといえます。「キモかわいい」「かわいいおじさん」など、「かわいい」という言葉の使われ方は、時代によって変化し続けているのです。

しかし、小児性犯罪者の用いる「かわいい」は、また別の意味を持っています。その真意は、「子どもが『かわいい』から自分たちは犯行に及んだ」というものです。本来「かわいい」と称される存在は、守るべきものであるはず。では、なぜ彼らはこのような考えに至るのでしょうか。

いじめ、虐待、非モテ……加害者の逆境体験

彼らの用いる「かわいい」という言葉の背景には、「自分を絶対に脅かさない保証」が

含まれています。具体的にいえば、成人女性のように恐怖心を与えられたり、外見や収入で差別されたり、存在そのものを脅かされたりせず、無条件に自分のことを受け入れてくれるということです。

のちほど詳しく述べますが、加害者のなかには過酷な逆境体験をサバイブしてきた人もいます。学校でいじめられた（性被害にあった）、家庭で虐待にあった、異性から人間扱いされなかった……などの経験です。これは小児性犯罪者特有の傾向でもあります。このような逆境体験は加害者にとって、自分が他人から拒絶された、「自分は受け入れられていない」と感じるつらい出来事です。当院のデータでも、小児性犯罪者117名に学生時代のいじめ被害について聞いたところ、半数以上の54％が「ある」と答えています。

本来人間は「受け入れられたい」と望む生き物です。これは心理学者アブラハム・マズローが提唱した有名な「マズローの欲求5段階説」のうち、友人や家庭、会社から受け入れられたいという「社会的欲求」にあたります。この欲求が満たされない状態が続くと、孤独感や社会的不安を感じやすくなり、うつに陥るケースもあるともいわれています。

本来、人間ならば誰もが持っている「受け入れられたい」という欲求が、いじめや虐待などの逆境体験によって抑圧され、それが恨みとなり、加害者のなかで「自分より弱い者

学生時代のいじめ被害

（n=117）

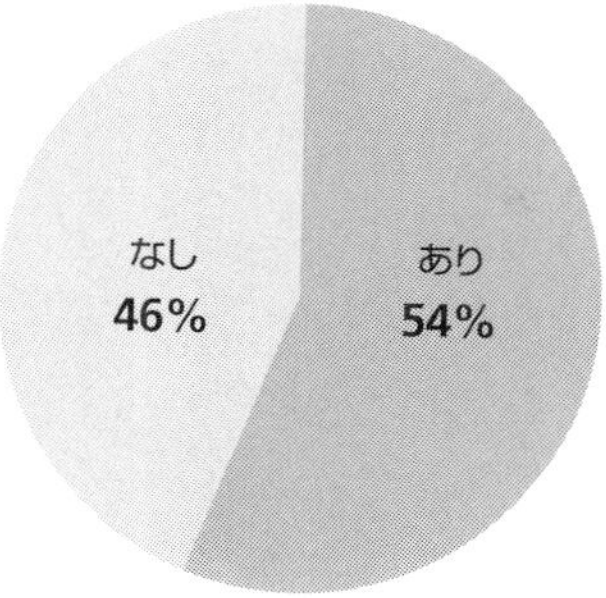

※性暴力を含むいじめ被害者は14名

を虐げたい」という欲求に変換されることがあります。

子どもたちは大人に比べ体力もなく、背丈も小さく物理的に劣っています。そしてたとえ被害にあっても、親や周囲の大人に訴えるだけの知識も経験もありません。そんな存在は、小児性犯罪者にとって絶対に脅かされない存在です。

P44の事例④では、塾講師によってグルーミングされた女子生徒の例を挙げましたが、さまざまな事情で親との関係が良好でない、家庭に居場所がないと感じている子どもは、自分に関心を持って声をかけてくれる大人の話をすぐに聞き入れてしまいます。

彼らのこころは、とても脆弱です。「自分には価値がない」と考えている、自己肯定感が低い、家庭に居場所がないといった子どもほど、小児性犯罪者にとっては「かわいい」存在ともいえます。彼らはそんな、自分を絶対に脅かさない弱くて「かわいい」存在を見つけると、大人と子どもという圧倒的な体格差や地位関係を利用し、巧みにグルーミングしていくのです。

根底にあるのは男尊女卑の価値観

私たちが普段、子ども、ペット、アニメキャラクターなどに何気なく使う「かわいい」という言葉と、小児性犯罪者が語る「かわいい」が質的に異なっていることがおわかりになったかと思います。

しかし同時に、彼らの自己を正当化するような考え、いわゆる「認知の歪み」は、私たちの社会に根づく価値観と地続きでもあることも付け加えなければなりません。日本社会のなかで前提となっている価値観や、子どもを性の対象として消費するのが当たり前とみなす社会との相互作用のなかで、小児性犯罪者が抱える認知の歪みは強化されていったのだと私は考えています。

そのヒントとなるのが、２０１９年に東京大学名誉教授の上野千鶴子さんが、東大の入学式で述べた祝辞[*6]です。以下はその一部引用です。

> 他大学との合コン（合同コンパ）で東大の男子学生はもてます。東大の女子学生からはこんな話を聞きました。「キミ、どこの大学？」と訊かれたら、「東京、の、大学…」と答えるのだそうです。なぜかといえば、退《ひ》かれるから、だそうです。なぜ男子学生は東大生であることに誇りが持てるのに、女子学生は答えに躊躇《ちゅうちょ》するのでしょうか。なぜなら、男性の価値と成績のよさは一致しているのに、女性の価値と成績のよさとのあいだには、ねじれがあるからです。女子は子どものときから「かわいい」ことを期待されます。ところで「かわいい」とはどんな価値でしょうか？　愛される、選ばれる、守ってもらえる価値には、相手を絶対におびやかさないという保証が含まれています。だから女子は、自分が成績がいいことや、東大生であることを隠そうとするのです。

この祝辞を聞いて心底ハッとしたものです。東大の祝辞と小児性犯罪者という、一見なんの脈絡もない事柄の「点と点」がつながった瞬間でした。

他学の男子学生からすれば、成績が優秀な東大の女子学生は、（少なくとも偏差値では）自分よりも優位な存在です。小さくて、弱くて守るべき、つまり「かわいい」存在ではありません。もちろん他学の男子学生のなかにも「すごいね」と素直に彼女たちの能力の高さを認める人もいるかもしれませんが、なかには「俺は負けている」など、まるで自分が脅かされているように感じる人もいるでしょう。

なぜ「脅かされている」と彼らが感じるのか。その根底にあるのは、「男性は女性よりも優れていなければならない」という男尊女卑の価値観です。そして女性は、子どものころから「愛される、選ばれる、守ってもらえる」、つまり「かわいい」存在になることを期待されているという男女の非対称性を上野さんはこのスピーチで指摘しています。

この男尊女卑的な価値観は、日本社会に深く根づいているものです。そして、東大にいる女子学生たちも当然、その事実は頭で学ぶよりも先に肌で感じているので、男女の集う合コンでは、男性にあえて忖度し、「東京、の、大学…」と答えることで、「私はあなたを脅かさない存在です」と暗に伝えているわけです。

この東大生の例だけでなく、いま私たちが生きている社会には、女性が自発的に「かわいい」存在であることを、自ら選び取るように仕向けるメッセージや仕組みが巧妙に仕掛けられています。

以前、対談した作家のアルテイシアさんは、「『男にとって都合のいい、かわいい女』を演じないと、仕事も恋愛もうまくいかない。本人はやりたくてやってると思い込んでるかもしれないけれど、それは刷り込みによるもの」と述べていました。[*7] この場合の「かわいい」は、「控えめで思慮深い」「やさしい」「思いやりがある」「気遣いができる」などの世間のイメージする「女らしさ」とも通じています。

「女性が未熟であること」を評価する社会に生きる私たちと、「絶対に脅かさない存在」である子どもの無知や弱さを巧みに利用する小児性犯罪者たち……一見すると交わらないように見える両者も、実は男尊女卑という価値観においては、地続きの存在なのだと考えています。

加害者にとって都合のいい「認知の歪み」

私はこれまで書籍やメディアを通じて、痴漢、盗撮、万引き、アルコールなどさまざまな依存症当事者たちの「認知の歪み」について論じてきました。この認知の歪みをひと言で言えば、「嗜癖行動を継続するための、本人にとって都合のいい認知の枠組み」ということができます。「自分を正当化するための都合のいい言い訳＝自己正当化理論」とイメージしてもらえたら理解しやすいかもしれません。

同じ世界で暮らしているにもかかわらず、小児性犯罪者の現実の捉え方には大きな思考の偏りがあります。「僕とこの子（被害者）は、純愛で結ばれているからセックスをするのは当たり前だ」というのも一例です。また性加害をした際、恐怖のあまり体が硬直してしまった子どもを前に「この子は緊張して、目を潤ませて喜んでくれている」などと、通常では到底考えられない認知の枠組みを彼らは内包しているのです。

この認知の歪みにはいくつかバリエーションがあります。

①被害者への責任転嫁

「大人とセックスしたがる子どももいる」

「子どものほうから誘惑してきたから、自分はそれに応じただけ」

「暗い夜道をひとりで歩いているのは、触ってほしいサインなんだ」

そもそも性的な知識や経験のない子どもが大人を誘うというのは無理筋です。また加害者は自分の行為を棚に上げて、「被害にあったのは被害者が悪い」と意図的に相手の落ち度にします。第1章で取り上げたオンライングルーミングの事例②のように、加害行為の後に自分から金銭を手渡しておきながら、「彼らもビジネスだった」などと自己を正当化して責任逃れをするのも、このバリエーションです。

また、これは小児性犯罪者だけでなく痴漢や盗撮、レイプなどその他の性加害でも見受けられるものです。「短いスカートをはいていたから盗撮されても仕方ない」「夜道をひとりで歩いてたから、ちょっとぐらい触ってもいいだろう」などというものです。いずれも被害者はたまたま短いスカートをはいていたり、ひとりで歩いていただけのことです。しかし、加害者の頭の中では、それらが「性加害をしていい理由」に変換され、正当化されてしまうのです。

②無知の利用

「口止めさえしておけば、素直な子はいたずらをし続けても秘密にしてくれる」
「小学校低学年なら何をされているかわからないからいまのうちに触っておこう」

「何をされているかわかっていない、その表情が無性にかわいいんだ」

グルーミングの末、性的な接触をされても「何をされているかわからない」という子どもの知識や経験のなさを逆手に取るものです。

過去に私が担当した3歳の女児に加害行為をした元保育士の男性は、逮捕された後、警察署での面会で「3歳だと記憶に残らないじゃないですか。それってWin-Winですよね」と口にしました。

幼い頃の過酷な体験は、それを抱えたままでは生きていけないという理由で記憶が封印されることがあります。しかし、なんらかのきっかけで記憶が蘇る「フラッシュバック」が起こることもあります。当然被害者は、その後とてつもない苦しみを味わうことになります。また、被害を受けた年齢が低いからといって、記憶していないわけではありません。体はトラウマを記憶します。

小児性犯罪者も、自分がしている加害が犯罪行為であることはわきまえています。彼らがもっとも恐れているのは、加害行為が発覚することです。しかし、自分の欲求を充足し、加害行為を続けるためにも自らの考えを正当化し、認知の歪みを強化していくのです。

③純愛幻想

「けっして傷つけようと思ったわけではない。自分なりの愛情表現だよ」

「そもそも僕とあの子は純愛で結ばれているから文句を言われる筋合いはない」

「挿入は犯罪だからダメだけど、性器を触るぐらいなら相手も少しずつ気持ちよくなるはずだ」

「互いに愛し合っているから性的な関係を持つのは自然なことだ」


加害者は時間をかけてグルーミングをしていきます。とくに加害者と被害者が顔見知りである場合、加害者が子どもに指導・教育する職業（教師、インストラクター、塾講師、保育士など）であれば、まるで真綿で首を絞めるかのように支配的な関係性を構築していきます。

その過程において彼らは、「自分と子どもは純愛で結ばれている」という認知の歪みを内面化し、加害行為を繰り返せば繰り返すほど、それは強化されていきます。加害者のなかでは、「沈黙＝自分の愛情表現を子どもが受け入れてくれている」というストーリーが強固にできあがっているのです。

当然ながら、子どもの判断能力は大人と同等ではなく、未熟なために、子どもに口うるさく思われたとしても、「それはダメ」「あれはダメ」と保護者が注意しなければならないこともあります。

加害者がその判断能力の未熟さを利用するので、ときに被害者である子ども自身も「あれは恋愛だった」などと思い込まされてしまうケースもあります。しかし、やがて「あれは、実は性暴力だった」という被害の現実に直面したとき、それまでの信頼感や怒り、絶望がないまぜになり、彼らのこころが壊れてしまうことも珍しくありません。

④飼育欲

「いずれセックスを経験するのだから、自分が先に救えてあげよう」

「性教育の一環で、体がどんな反応をするか教えてあげようと思った」

これもグルーミングや性加害をする者特有の認知の歪みです。「飼育欲」は、プログラムのなかで当事者たちが使用した造語です。性に対する知識や経験が少ない子どもは、まるでまっさらな白いキャンバスのような存在です。彼らはそのことを熟知しており、自分が「性教育」を施し、育てたいと考えるのです。当然ながら、性加害は正しい教育とはかけ離れたものですが、彼らは加害行為を繰り返すうちに、自分が子どもに「教え、導いている」のだと信じて疑わなくなっていくのです。「育てる」のほかに、「開発する」という言葉も彼らはよく用います。

⑤児童ポルノ

「児童ポルノがあるから現実の子どもに被害が及ばずに済んでいる。だから児童ポルノは必要だ」

「児童ポルノは現実の子どもには害がないから問題がない」

児童ポルノを所持している人すべてが性加害を行うわけではありません。しかし、前述のとおり、児童ポルノは確実に性加害者の再発リスクを高める重要な「トリガー（引き金）」になります。

児童ポルノとまでいかずとも、日本には幼い子どもを性の対象にした二次的創作物やウェブサイトが数多くあり、諸外国に比べると圧倒的に手軽に閲覧できる状態です。これらに頻繁に接し続けることで「子どもを性の対象として消費していい」という認識が少しずつインストールされ、認知の歪みを強化していく加害者もいます。

⑥性的指向としての主張

「ペドフィリアはLGBTと同じだから仕方ない」
「大人の女性に興奮しないから、子どもで性欲を満たしたくなるんだ」

とある保守系の文芸評論家は、「LGBTの権利を守るなら、痴漢症候群の男の触る権利も社会は保障すべきだ」と寄稿し、掲載した文芸誌も含め各方面から大バッシングを受けました。性加害者の「ペドフィリアはLGBTと同じだから仕方ない」という主張もまさしく同じロジックです。

そもそもペドフィリアは性的指向ではなく、性的嗜好です。性的指向は「どの性別を恋愛や結婚の対象とするか」であるのに対して、性的嗜好は「何に対して性的興奮するか」を意味しています。子どもとの性的接触を望むペドフィリアは、性的嗜好ですし、そもそもどんな人でも、どんな嗜好があっても他人を加害し、人生を台無しにしていい理由にはなりえません。ＬＧＢＴ（性的指向と性自認）の権利と加害者（性嗜好）の権利を同列に並べるのは、非常に問題がある話です。

　また最近では、「ＬＧＢＴＰＺＮ」という言葉もあるようです。これはＬＧＢＴにペドフィリア（Pedophilia＝小児性愛障害）、ズーフィリア（Zoophilia＝動物に対する性的嗜好）、ネクロフィリア（Necrophilia＝死体に対する性的嗜好）という社会的に嫌悪される性嗜好を加えた概念です。ＬＧＢＴよりＰＺＮのほうが性的欲求の解消が難しい、だからＬＧＢＴと同様に配慮されるべきだと考える人たちもいるようです。

　たしかにズーフィリアについては、動物性愛者を追ったノンフィクション『聖なるズー』（濱野ちひろ著、集英社）が近年話題になりましたし、ネクロフィリアは川端康成の『眠れる美女』など文学の題材にもなっています。こういった性とタブーは、いつの時代も人々を惹きつけるテーマである一方で、だからといって、子どもをグルーミングしたり、性暴力を行う権利が認められるべきとは到底言いがたいです。

　また、似たような認知の歪みに「ペドフィリアは脳の病気だから仕方がない」というものもあります。しかし何度も言うようですが、彼らは警察官の前では加害行為に及びません。時と場所や相手、方法を緻密に選んで加害を行います。自分が圧倒的に優位な立場に立てるターゲットを選んで行動化しているわけですから、過剰に「脳の病気」などと病理化してしまうと、加害者の行為責任を隠蔽《いんぺい》することになりかねません。

⑦究極の歪み

「大声を出されたときは、殺してしまえばいい。だって騒ぐほうが悪いんだから」

聞くだけでもおぞましい認知の歪みです。

当院に通っている人たちのなかに殺人を犯した人はいませんが、このような発言が出てくること自体、命の軽視が見てとれます。「殺してしまえばいい」と思えるほどの圧倒的な支配関係。まさに「生殺与奪の権は我の手の中に」と言わんばかりです。これこそが彼らの求める究極の「支配―被支配」の関係とも考えられます。

加害中の認知の変化

認知の歪みを持っているのは性犯罪者だけか、といえばそうではありません。多かれ少なかれ、誰にもあるものです。

日常生活において、赤信号だから渡らずに待たないといけないところを、「ちょっとの距離だし、車も来てないし渡ってもいいか」と自己判断して渡ってしまうことも、自分の都合に合わせて現実を勝手に解釈した認知の歪みの一例です。

また、たまたま知り合いが自分に挨拶をせずに通り過ぎてしまったら、「自分が嫌われているからだ」と思い込んでしまった、などという経験のある人もいるでしょう。しかし、その人はひょっとしたらお腹が痛くてトイレにかけこむ寸前だったかもしれません。挨拶をしなかった真の理由は、実際に聞いてみるまでわからないことですが、これも悲観的な飛躍をしてしまった認知の歪みであり、一般的には「こころのクセ」ともいわれています。

こういった認知の歪みは、程度の差こそあれ私たちも持っているのですが、性加害者の場合は複合的な歪みを抱えています。しかも自分がしようとしていること（行動化前）、していること（行動化中）、してしまったこと（行動化後）と、それぞれの段階で自分勝手な要求を自己正当化しながら、認知の歪みをエスカレートさせていくのです。

具体的には次のような認知の変化（グラデーション）です。

①行動化前……「自分は成人女性には相手にされない」「だから無条件に受け入れてくれる子どもを性的対象にするしかないんだ」

↓

②行動化中……「この子はまだ小さいのに目を潤ませて感じている。どうやら性行為に興味があるんだな」

↓

③行動化後……「何も嫌がらなかったということは、この子は自分のことが好きなんだな。僕たちは純愛で結ばれているんだ！」

このような認知の歪みの変遷を、私は「認知の歪みのスペクトラム」と呼んでいます。行動化前の緊張や葛藤や期待、行動化中の高揚感、行動化後の後悔や罪悪感、そしてその後にくる次の行動化への渇望感……といった具合に内的な引き金と認知の歪みが連動していくのです。

ここまで読むと、「こういった認知の歪みは、先天的なものなのか？」と疑問を抱く人もいるかと思います。たしかに真性の小児性愛障害者は遺伝的な要因だとする研究もありますが、多くは混合型といわれる後天的なものです。

先に述べたとおり、私たちの暮らす日本社会にはまだまだ根強い男尊女卑の価値観があります。また、メディアや創作物などを通じて、幼い子どもを性的に消費することをいわば当たり前とする風潮も広く見受けられます。こういった社会の価値観、考え方も加害者の認知の歪みを後押しする要因なのだと私は考えています。

抜け落ちた性的同意の考え方

ここまでは、加害者の抱える認知の歪みについて見てきました。あまりにおぞましく、目を覆いたくなってしまうものもあったかと思います。

いずれのバリエーションも、加害者に決定的に抜けているのが「性的同意」の概念です。性的同意とは、セックスだけでなく手をつなぐ、ハグやキスなどすべての性的な行為の際に、お互いが積極的に望んでいるかの気持ちを確認することです。

読者のなかにも、近年「性的同意」や「同意」という言葉を耳にする機会が増えたと感じる方は多いのではないでしょうか。とくに2023年7月に施行された改正刑法によって、これまで一般的に「レイプ」と呼ばれていた性加害は罪名が強制性交等罪から「不同意性交等罪」へ変わったことで、性的同意についてメディアでもさかんに取り上げるようになりました。

刑法改正の詳細については第4章の川本弁護士との対談で取り上げますが、平たくいうと、今回の法改正によって「同意のない性行為は犯罪である」と条文にはっきり書かれるようになったのです。暴行や脅迫をした、アルコールや薬物を摂取させた、上司と部下などの社会的地位を盾にした場合など、同意しない意思を表明することが困難とされる8つの類型を構成要件として、それらはすべて処罰対象となるというのが大筋です。

日本ではかつて「嫌よ嫌よも好きのうち（No Means Yes）」という言葉がありました。主に女性が男性に誘いをかけられた際などに、口先では嫌がっていても実は好意がないわけではないと解釈する語です。アダルトビデオなどでは、いまだに凌辱《りょうじょく》された女性が口では嫌がりながらも、感じてしまうなどという描写もあるようですが、それは男性に都合のいい幻想であり、不同意性交等罪のある世界では通用しません。Ｎｏはそれ以上でもそれ以下でもなく、ただただＮｏである――つまり「No means No」なのです。

しかし、この概念も最近では、「Yes Means Yes（イエスがイエス）」へ変わっていくのが世界的な潮流です。これは、「性行為は自発的であるべき」「積極的な同意（イエス）でなければ、性暴力である」という考えです。スウェーデンは２０１８年７月に世界に先んじて、この「Yes Means Yes」の考えに基づいた性犯罪規定の法改正を行いました。

人によって、「これはＯＫ」「これはダメ」という境界線は異なるものです。セックスをはじめとする性的な行為において、相手がどこまで同意をしているのか聞くことは最重要事項ですし、自分と相手の体を大切にするためにも相手がやめてほしい（「Ｎｏ」）と言った際には、「そうなんだね」とその言葉を受け入れること。これが性的同意の基本原則です。

「支配―被支配」の関係から同意は生まれない

では、グルーミングや子どもへの性加害を行う加害者たちの考える「同意」とは、いったいどんなものなのでしょうか。

まず、彼らの考える同意は「支配―被支配」のなかで成立するものです。そして、その考えは、「自分の行為は受け入れられて当然だ」という認知の歪みに支えられています。

「子どもは無条件に私の行為を受け入れてくれた」。自らの加害行為を振り返る際、このように述べる加害者は実に多いです。つまり、「相手は受け入れてくれたのだから、これは暴力じゃない。むしろ愛なんだ」と彼らは語るのです。これも先ほど述べた認知の歪みにおける「純愛幻想」のパターンです。加害者の頭の中では「黙る＝受容」と変換されているわけです。

口では「いいよ」と言っても怯えている、震えていて何も答えられない、表情が硬くなる、話題をそらす……これらはいずれも性的同意ではありません。また、着ているものだけでもその人が同意しているかはわかりません。

けれど加害者たちの頭では、それらはすべて同意していることに変換され、「拒否しないのはＯＫ」「嫌なら逃げるはず」などと主張します。

当然ながら、子どもは圧倒的な体格差や社会的な立場、権力関係を前にしたら到底逃げられません。後日被害を振り返り、「逆らえないと思い、話を合わせた」「怖くて否定できなかった」と訴えることもあります。

また加害行為前、もしくは加害行為中に、恐怖によって全身が凍りついて動けない現象をフリーズ（凍りつき）といいますが、加害者がその反応を「相手も受け入れた」と思い込むことは少なくありません。

ちなみにこのフリーズの概念は心理学や被害者支援の現場では広く知られていて、性別、年齢を問わず性暴力被害者に広く見られる現象だとわかっていますが、世間一般にはあまり認知されていませんでした。被害者支援に取り組む臨床心理士で、上智大学総合人間科学部心理学科准教授の齋藤梓さんによれば、近年は「Tonic immobility（持続性不動状態）という言葉で説明されていて、スウェーデンの調査では被害時に約8割の人がこの状態を経験していたということです。[*8]

しかし日本ではこれまで、性犯罪をめぐる裁判で「相手が嫌がっているなんて思いもしなかった」という加害者側の主張がまかり通り、不起訴または無罪となったケースも数知れません。そういった意味では、2023年の刑法改正で、フリーズ状態に陥ったことで同意の意思を表明できない場合でも罪に問えることになったことは、とても画期的だと思います。

相手は絶対に自分のことを脅かさない——そんな圧倒的な力関係のもとで繰り広げられる「自分の加害行為は受け入れられるべき」という歪んだ承認欲求に下支えされている加害者の語る「同意」が、いかに本来の同意とは乖離しているか、おわかりになると思います。

この刑法改正によって、「不同意性交等罪」ができたことは、彼らの再犯防止プログラムにおいても、同意の概念をアップデートしていく大きなきっかけになるはずです。

被害者が加害者になる負の連鎖

幼少期の家庭内での虐待、学校でのいじめ、性被害などが直接的、間接的に影響を及ぼし、のちに子どもへの性的嗜好や性虐待につながる事例を加害者臨床の現場ではしばしば見かけます。

P38では、面識のある関係でのグルーミングの例を挙げました。小学生男児が同じ団地に住む「やさしいお兄さん」からグルーミングされ、その後4年間にもわたって性被害を受け続けた事例です。

実はこの被害にあった男児こそ、のちに私が某刑務所で面会した受刑者でした。

この被害男児はのちに加害者となり、刑務所に収監されていたのです。

ここでは彼を仮にFとしましょう。Fは女児に対する強制わいせつ罪（当時）で実刑判決を受け、刑務所に収監されていました。彼が実刑判決を受けるのは、これが3度目です。いずれも子どもへの強制わいせつや強制性交等罪（当時）でした。

私が生業《なりわい》としている精神保健福祉士や社会福祉士の業務は多岐にわたります。そのうちのひとつに、刑事施設や少年院などの矯正施設に収容されている人の出所・釈放後の就業先や住まいなどの環境を調べ、確保し、そのうえで彼らが再犯をしないようにするための「生活環境の調整」という出口支援業務があります。私はこの業務のために、Ｆと刑務所内で面会しました。このような特別な面会の依頼は、全国の地方更生保護委員会から打診があります。

Ｆとの面会は1時間半ほどでしたが、その間、彼は自身が幼い頃にグルーミングからの性被害にあったことを私に打ち明けました。一般に性犯罪の加害者が逮捕され、裁判で実刑となった場合、刑務所内では通称「Ｒ３プログラム」と呼ばれる性犯罪再犯防止指導が行われているのですが、彼もまたこのプログラムを受講していました。

のちほどこのＲ３プログラムについては詳しく取り上げますが、このカリキュラムのなかには「自分史」というものもあります。幼いときから現在までの自分の歴史を振り返り、グループ内で発表するのが大枠です。彼も自分の生い立ちを見つめ直すうちに、自分自身も幼い頃にグルーミングされ、最後には口腔性交や肛門性交にまで至る性被害にあったという事実にそこで初めて気づいたのです。

自分が性加害者になり、刑務所に入って初めて過去の性被害に気づくとはなんとも因果な話です。しかし裏を返せば、FはR3プログラムを受講するまで、性被害にあったことを記憶の奥底に抑圧し、自覚しないまま過ごしていたのです。そういう意味では、いわばグルーミングが及ぼす洗脳状態が続いていたともいえます。

被害者のこころに深い傷を負わせる性加害や性虐待は「魂の殺人」ともいわれますが、Fも幼い頃の性被害により自尊心が根こそぎ削られ、「自分は価値がない人間なんだ」と刷り込まれていたことがうかがえます。しかし人間は、自分がずっと支配される側でいることは望みません。

もしも何かのきっかけで自分が支配できる存在、絶対に自分を脅かさない存在が現れたらどうでしょう。自分の支配欲を満たしたいと考えるのが、ある種、自然なこころの動きではないでしょうか。Fの場合、自分の支配欲の矛先は、「絶対に自分を脅かさない」という保証がある子どもたちに向いていたのです。

世間を震撼させたベビーシッターアプリ事件

性被害者が小児性犯罪者になる例をもうひとつ紹介します。

2020年5月、ベビーシッターのマッチングアプリを使って、シッターの男（仮にG

とします）が子どもをグルーミングし、性加害に及んだとして逮捕される事件がありました。この事件が起きた翌月には、また別のシッターの男が同じく子どもへの強制わいせつ容疑で立て続けに逮捕されたこともあり、社会に衝撃が走りました。

その後の裁判でGは、男児20人に性的暴行やわいせつ行為などをした罪に問われ、懲役20年の実刑判決が言い渡されました。この男が起訴された事件は、5〜11歳の男児に対する強制性交等罪が22件、強制わいせつ罪が14件、児童ポルノ禁止法違反の罪が20件の計56件にものぼります。私は専門家証人として彼の証人尋問に出廷しました。

Gの犯した行為は、とても卑劣です。被害者であるひとりの男児は、Gに夜中の午前3時に起こされ、連れて行かれたトイレで被害にあったといいます。裁判では、被害男児による「深夜に目が覚めると、あれから数年がたったいまでも恐怖がよみがえる。僕のように事件にあった人が多くいると聞いて、本当に苦しい」という陳述書を代理人の弁護士が読み上げました。

一方、Gの背景に目を向けると、実は彼には家庭内で虐待されていたという生い立ちがあります[*9]。

判決に先立って被告人質問では、母親はアルコール依存症で、「お前なんて産まなければばよかった」と言われて物を投げられたこと、小学校や中学校ではいじめにあい、万引きを強要され、トイレの個室で水をかけられたこと、さらに不登校になると父親からアザができるまで顔を殴られたことがGの口から明かされました。

虐待され、学校でもいじめにあったGは一時は死ぬことも考えていたといいます。そんななか、「分け隔てなく接してくれる子どもに近づきたい」と思うようになり、「男の子と接しているときは、安心感やぬくもりを感じた」と裁判では述べていました。

母親のアルコール依存症、家庭での虐待、学校でのいじめ、不登校……Gの生い立ちには同情すべき点もありますが、もちろん罪を犯していい理由には到底なりえません。絶対に加害者を許せないと考える被害者感情はもっともです。

また、ここで明記しておきたいのが、虐待や性被害にあった人すべてが、その後の人生において加害者になるわけではないということです。子どもへの性的嗜好を持つようになるのも、むしろ少数派といえるでしょう。

しかし、加害者臨床のなかでは、過去に自分が支配され、まるで人間ではなくモノのように扱われた経験のある被害者が、大人になって力を持ったときに自分よりも弱い立場の人に対して同じように振る舞うという「負のサイクル」に出会うことがよくあります。これを私たちは「被害者から加害者への道」と呼んでいます。

性暴力は、必ず権力関係のなかで起きます。上の立場に立つ者、力の強い者が、下の立場にいる者、力の弱い者に対して暴力を行使するものです。そしてその「支配—被支配」の関係で行われた性暴力は、残念ながら再生産されてしまうことがあるのです。

さらにＧには、「男の子は性に関心があるので、陰部を触っても性的に興奮し、許される」といった認知の歪みも見られました。

こういった負のサイクルを断ち切り、認知の歪みへの対処方法を教え、隠したい自分の問題や過去を正直に分かち合える場所をつくり、同じ問題を持った仲間につなぐ……これが加害者臨床の役割なのだと考えています。加害者臨床はよく「加害者を支援しているのでは？」と勘違いされることもあるのですが、これは治療教育であり、支援（ケア）ではありません。

たしかにＧには同情すべき成育歴があります。しかし、加害者臨床では、「原因」と「責任」は分けて考えます。「それはそれ、これはこれ」です。もちろん加害者が抱えた過去のトラウマをケアしないわけではありませんが、まずもっとも優先すべき重要事項は、加害行為を止めること、つまり新たな被害者を生まないことです。再発防止プログラムについては、第5章で詳しく取り上げます。

＊1 福井裕輝『子どもへの性暴力は防げる！ 加害者治療から見えた真実』時事通信社、２０２２年

＊2 Seto, Michael C. "Pedophilia." *Annual Review of Clinical Psychology* 5 (2009): 391-407.

＊3 渡辺真由子〝性的有害情報に関する実証的研究の系譜～従来メディアからネットまで〟情報通信学会誌 30.2 (2012): 2_81-2_88.

＊4 會澤まりえ、大野実〝「かわいい文化」の背景〟尚絅学院大学紀要 59 (2010): 23-34.
四方田犬彦『「かわいい」論』ちくま新書、２００６年

＊5 外務省「ポップカルチャー発信使（ファッション分野）の委嘱」
https://www.mofa.go.jp/mofaj/press/release/21/2/1188512_1092.html

＊6「平成31年度東京大学学部入学式 祝辞」東京大学、２０１９年4月12日
https://www.u-tokyo.ac.jp/ja/about/president/b_message31_03.html

＊7「あなたは誰を助ける？ 社会を変えるカギは『傍観者』【アルテイシア・斉藤章佳】」ウートピ、２０２０年9月24日
https://wotopi.jp/archives/104965

＊8「性被害の実態調査アンケート 結果報告書②～量的分析所感～」一般社団法人Spring、２０２０年12月24日

http://spring-voice.org/wp-content/uploads/2020/12/%E3%82%A2%E3%83%B3%E3%82%B1%E3%83%BC%E3%83%88%E5%88%86%E6%9E%90%E5%A0%B1%E5%91%8A%E6%9B%B8%EF%BC%92.pdf

＊9「男児20人に性暴力、ゆがんだ元シッター　親の愛情に飢え『安心求めた』　東京地裁、懲役20年判決」朝日新聞デジタル、２０２２年８月31日 https://www.asahi.com/articles/DA3S15402370.html

第3章 性的グルーミング被害の実態

ここまでは、加害者が内包する認知の歪みやその背景について述べてきました。この章では、子どもへの性暴力は被害者にどのような影響を与えるのか、被害の実態から周囲の大人たちはどのように対処すべきかについても論じていきたいと思います。

子どもの４人に１人が性被害にあっている

まずは、子どもの性被害の実態をデータからみていきましょう。

内閣府が２０２２年に行った若年層（16～24歳）の性暴力被害の実態に関するオンラインアンケートでは、回答者数６２２４人のうち、26・４％に相当する１６４４人が「被害にあった」と回答しています。つまり４人に１人以上がなんらかの性暴力被害にあっていた、というわけです。

このデータでは、性暴力の種類別でも被害にあった割合が示されています。言葉による性暴力被害を受けたと答えた人は17・８％ともっとも高く、次に身体接触を伴う性暴力被害が12・４％、インターネットやスマホなどの情報ツールを用いた性暴力被害が９・７％と続きます。性交を伴う性暴力被害は４・１％となっています。

性暴力被害の遭遇率

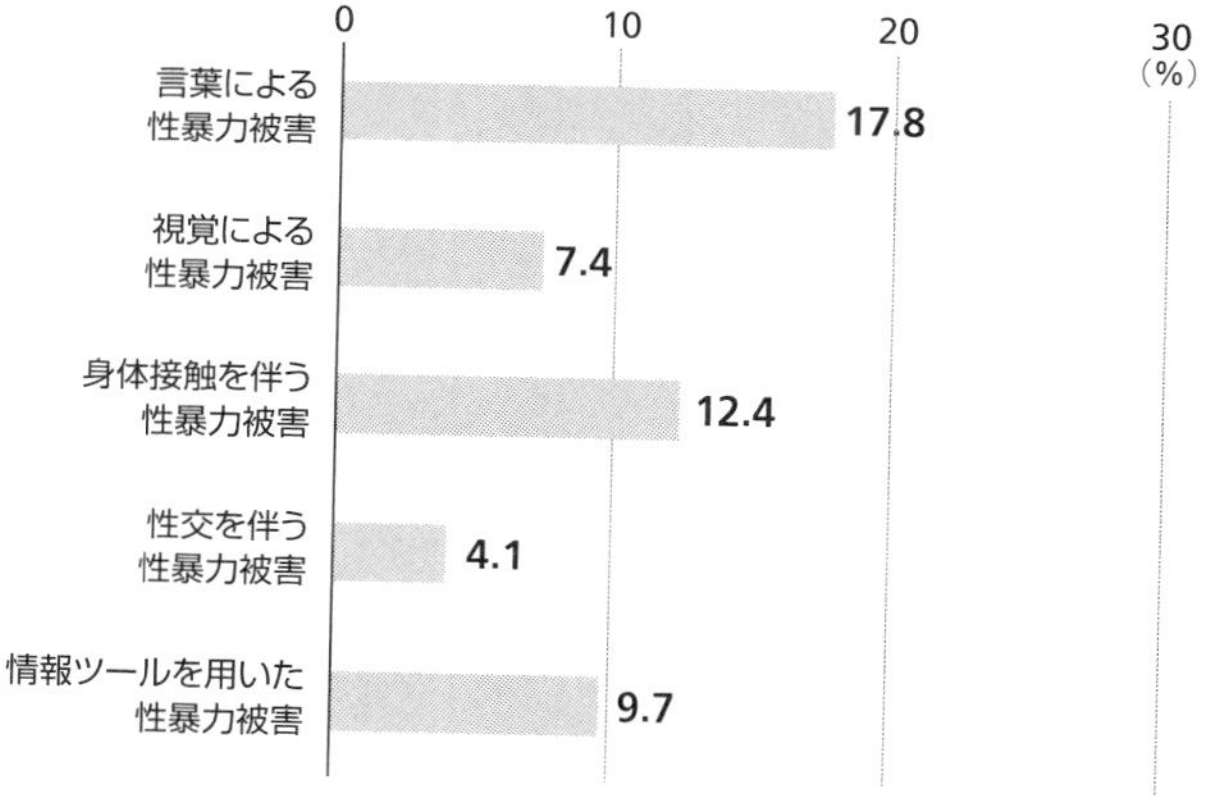

分類	例示
言葉による性暴力被害	言葉で性的に嫌がらせを受けた、体の特徴についてからかわれた、いやらしいことを言われた　等
視覚による性暴力被害	相手の裸や性器を見せられた　等
身体接触を伴う性暴力被害	体を触られた、抱きつかれた、キスをされた、相手の体を触らせられた、服を脱がされた・脱がせられた、性器を押し付けられた、体液をかけられた　等
性交を伴う性暴力被害	相手の身体の一部や異物を無理やり膣や口、肛門に挿入された、避妊なしに性交させられた　等
情報ツールを用いた性暴力被害	インターネット・携帯電話・スマホなどで性的に嫌な経験をした、見たくない画像や動画を見させられた、下着や裸を撮影された、下着姿や裸の写真を送るよう強要された、なりすました相手から性的な嫌がらせを受けた　等

出典：内閣府「こども・若者の性被害に関する状況等について」
https://www.cfa.go.jp/assets/contents/node/basic_page/field_ref_resources/2ff7a807-a6a8-4d4b-87f6-3b136407e7c6/fefea869/20230401_councils_child-safety-conference_2ff7a807_07.pdf

また、性交を伴う性暴力被害の特徴としては、社会的立場が上位の者による加害が多いことが挙げられます。加害者として学校の関係者（教職員、先輩、同級生など）、交際相手（元交際相手も含む）やインターネット上で知り合った人を挙げるケースが多くなりました。

被害届を出したのはわずか14％

警察庁が発表する「犯罪統計」[*1]によれば、２０２２年に性加害が事件化し、加害者が逮捕・起訴された「強制性交等罪の認知件数」は１６５５件でした。そのうち被害者が20代以下のケースが８割以上、10代以下に限っても４割以上を占めていることが明らかになっています。さらに子どもが被害者となる強制性交等罪の認知件数は増加傾向で、０〜12歳に関しては、２０１８年に比べると１・４倍以上にも増えているそうです。

性犯罪は暗数が多い犯罪です。暗数とは、統計に表れている数字と、実際の数字との差のことです。法務省「第５回犯罪被害実態（暗数）調査」[*2]（２０１９年）によると、過去５年間の性的事件において警察に被害届を出した人はわずか14・３％でした。つまり８割強の人が性被害を認識していながら、自主的かそうでないかはわかりませんが、被害届を

強制性交等罪の認知件数

被害者の年齢層別割合（2022年）

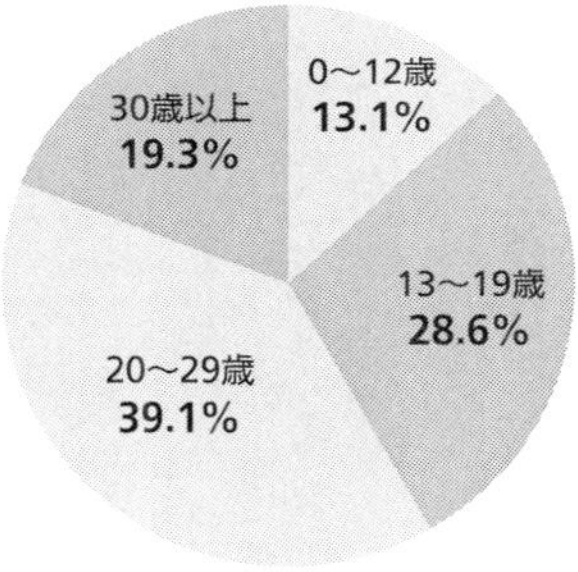

被害者の年齢層別の推移（2018年＝100）

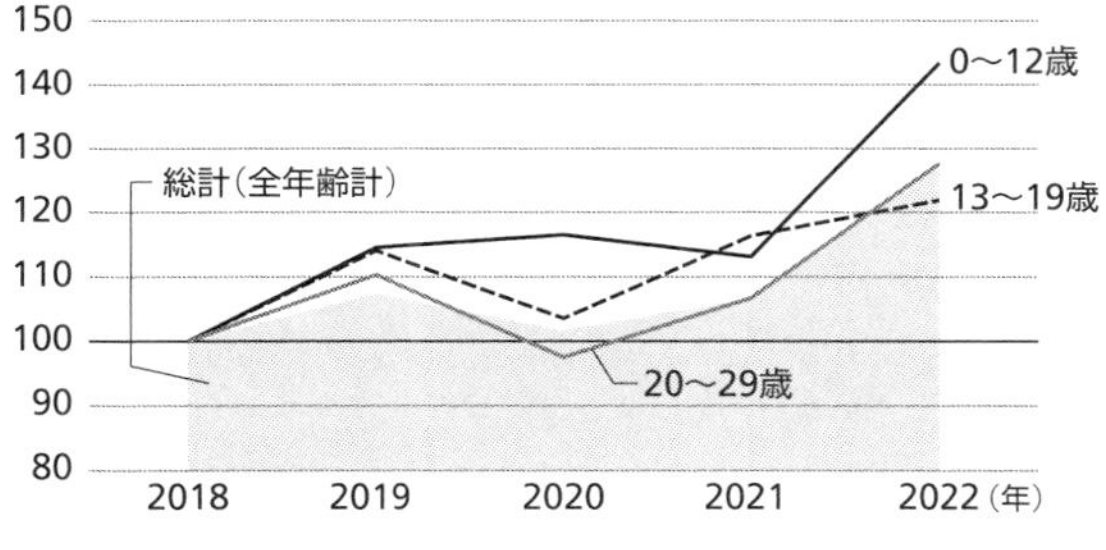

強制性交等罪の認知件数（1,655件）のうち、被害者が20代以下が8割以上、
10代以下に限っても4割以上を占めている。
また、こども・若者が被害者となる強制性交等罪の認知件数は増加傾向にあり、
0〜12歳では、2018年に比べ1.4倍以上となっている。

出典：内閣府「こども・若者の性被害に関する状況等について」
https://www.cfa.go.jp/assets/contents/node/basic_page/field_ref_resources/2ff7a807-a6a8-4d4b-87f6-3b136407e7c6/fefea869/20230401_councils_child-safety-conference_2ff7a807_07.pdf

出さずにいるということです。被害届が出されない限り、統計上は被害があったとはカウントされないのです。

前述の「犯罪統計」によると、２０２２年の０～12歳の子どもの強制性交等の認知件数は２１６人、強制わいせつは７６９人で合わせて９８５人ですが、これもあくまでも氷山の一角と考えるのが妥当だと思われます。

子どもへの性加害においては、加害者が巧妙にグルーミングを行い、「ふたりだけの秘密だよ」などと被害者に口止めをすることは、これまで述べてきたとおりです。また、子どもは自分が何をされたのかを正確に理解できないことも多く、親など周囲の大人に被害を訴えたり、しかるべき機関につながるまでに時間がかかるケースがとても多いからです。

被害者への深刻な心理的影響

この調査では、性加害を受けたのち、被害者は「異性と会うのが怖くなった」「誰のことも信じられなくなった」「夜眠れなくなった」「自分に自信がなくなった」などさまざまな心理的変化を経験していることも示されています。４人に１人は「生きているのが嫌になった・死にたくなった」と回答していることも見逃せません。

医学的には、性暴力を受けた被害者への心理的影響としてＰＴＳＤ（心的外傷後ストレス障害）や解離性障害、うつ病などの精神疾患、不安症状、神経症やパニック障害などの神経症全般、強迫性障害、自傷行為などがあります。また、とくに女性では摂食障害（拒食・過食）も見られます。

なかでもＰＴＳＤや解離性障害は、性被害後によく見られる症状です[*3]。

ＰＴＳＤは、強烈なショック体験や精神的ストレスにより引き起こされる障害です。性被害だけでなく、戦争や震災、台風や火事、事故で重傷を負う、非業の死を目撃する……などといった、日常とはかけ離れた命の危険を感じるような状況に遭遇した後に起こります。代表的な症状に不眠や集中困難、恐怖を感じたときの記憶や感覚が突然よみがえる「フラッシュバック」などがあります。

また、安全な場所にいても常に緊張して神経が過剰に研ぎ澄まされてしまい、平常時なら気にならないようなことが気になって、イライラして落ち着きがない「過覚醒」に陥るのも代表的な症状です。子どもの頃に性被害を受けた場合、ＰＴＳＤは10〜20年という年月を経て発症するケースも珍しくありません。

解離性障害の「解離」とは、「解いて離れる」と書くように、自分の感覚や感情・知覚・

アイデンティティが切り離されるという現象です。つらい体験から自分を守るため、性被害者は一時的に記憶をなくしたり、外から自分の体を見ているような感覚になったりすることがあるのです。

　現実にはありえないような不思議なものが見える、声が聞こえる、周りの景色がすべてモノクロにしか認識できない、香りを感じられなくなる……などのさまざまな症状が出る人もいます。いわゆる多重人格（解離性同一性障害）とも呼ばれるように、複数の人格を持つこともあります。

　さらに過去の性被害によるトラウマが原因で、不特定多数との性的逸脱行為など、さまざまな問題行動を引き起こすことも珍しくありません。とくにこれは女性に多いのですが、性被害にあったのちに「自分には価値がない」「こんな私は汚らしい」と自暴自棄になり、自傷行為的に不特定多数と肉体関係を持ってしまうパターンです。

　男性でも、子どもの頃の性的虐待によって性依存症に陥ることもあります。私が監修として携わっている漫画『セックス依存症になりました。』（集英社）の作者である津島隆太さんは、幼少期に父親から性的虐待を受けたことから性に対する認知が歪み、成人になってからも、強迫的にセックスにのめりこむセックス依存症になった自身の経験を作品の題材にしています。

子どもは被害を認識できない

ここまで、心理学的な観点からグルーミングを含めた性暴力が被害者に及ぼす影響を述べてきました。しかし、成人への痴漢やレイプなどの性暴力と違い、子どもへの性暴力においてもっとも特徴的なのが、「被害者である子どもは被害をすぐに認識できない」という点です。

グルーミングの被害者である子どもが語る言葉でよく耳にするのが、「何が起こっているのか、わからなかった」というものです。性交に関する知識や、男女の体の仕組みの違いについてもまだ知識のない子どもにとっては、自分の体を性的に消費される、加害者の性器を見せられる、裸の写真を撮影される……などの出来事に直面しても、何が起こっているのか状況を即座に把握できません。これは男女ともにいえることです。

ジャニーズ事務所の性加害問題が取り沙汰されていますが、そのうち中学校1年生のときに被害にあった男性は、それまで性体験がなかったため当時はとても困惑し、自分の身に何が起こっているか理解できなかったことや、体が硬直してどう反応をしたらよいのかわからず、とりあえず寝たふりをしたという趣旨の発言をしています。[4]

さらに子どもの場合、知らないうちに被害にあっていることもあります。

２０１７年２月、自然体験ツアーなどを主催するキャンプ教室の添乗員が、子どもが寝ている間を狙ったり、薬を塗るふりをしたりしてわいせつな行為をし、その一部始終を動画撮影したことで、男児ポルノ撮影グループが摘発される事件がありました。

このグループメンバーの所持品からは、児童ポルノ画像や動画が10万点以上も押収され、被害児童は４～13歳の１６８人にものぼったという報道もあります。これによれば、そのほとんどが被害に気づかず、たとえ性被害にあった自覚があっても「恥ずかしくて親に言えなかった」と話す男児もいたそうです。

被害者が自分の身に起きたことを「性被害だ」と認識しづらいことは、アンケート調査からも明らかになっています。性被害者支援に取り組む一般社団法人Springが２０２０年に公表した「性被害の実態調査アンケート」[5]では、被害後すぐに「被害」だと認識できなかった人は６割に及び、被害の認識までにかかる年数は平均７・４８年だったそうです。

約7年半というのは、小学校1年生の児童が中学校2年生になるほどの長い年月です。

幼い頃の経験を「あれは性暴力だったんだ」と思春期になってようやく認識する、というわけです。

この調査を分析した上智大学准教授の齋藤梓さんは、「顔見知りの人からの被害だと、『見知らぬ人から突然襲われる』というイメージと合致せず時間がかかることもある」と朝日新聞の取材記事[*6]でコメントしています。それまでゲームを一緒にしていたやさしいお兄さんから突然性的な被害を受けた子どもは激しく混乱し、被害を被害と認識するまでにとてつもない年月がかかる……これもグルーミングのおぞましさといえるでしょう。

こうして被害者の口はふさがれる

性被害にあった子どもが「あれは被害だったんだ」と認識するまでの時間の長さについて触れてきました。しかし、被害を認識した後もＰＴＳＤなどの後遺症や、さまざまな葛藤に悩まされ、周囲の大人や身近な友人に相談できるまでには相当の時間がかかるといわれています。

先のSpringによる調査では、「挿入を伴う被害」にあい、家族や友人やパートナーなど身近な人に被害を打ち明けた人は63・5％で、初めて被害を打ち明けるまでかかった年数は平均5〜6年だといいます。しかし、これはあくまでも平均値です。最短は1年以内、最長は52年とかなりの幅があることも留意すべきでしょう。3〜4割の人は、調査の段階では、身近な人にも被害を打ち明けていない状態だったというわけです。

また、被害にあった年齢が6歳までの場合、身近な人に被害を打ち明けるまでに「11年以上経過している」と回答した人は4割強でした。前述のとおり、子どものグルーミングにおいて特徴的なのは、性加害と口止めがセットになっている点です。

成人女性への性加害でも、「ほかの人に話したら、裸の写真をバラまくぞ」などといった脅迫行為があることはよく知られています。それでも、成人ならば自己の判断で警察に被害届を出したり、しかるべき支援機関につながることができます。しかし、まだ幼い子どもは、被害にあったことを周囲に語るボキャブラリーも乏しく、ましてや自分で被害届を出したり、相談機関を調べることも困難です。

さらにグルーミングでは、加害者は子どもとの信頼関係を築いたうえで性加害に及びます。子どもにとっての「やさしいお兄さん」から、「ふたりだけの秘密だよ」「バレたら別れさせられるよ」「これは愛しているからだよ」と口止めされたり、加害者とあたかも恋愛関係だったかのように思い込まされていることも少なくありません。

もちろん「これは純愛だ」というのは、加害者の認知の歪みに過ぎないのですが、加害者は子どもの性的な経験の乏しさを逆手に取って、自らの性的な歪んだ価値観を巧妙に埋め込んでいきます。被害者本人の口からも「あれは性暴力じゃないのでは」「あのおじさんは、ああいう愛し方だったんだ」と、加害者をかばうような言葉もしばしば聞かれるのです。

第二次性徴期を迎えた子ども、とくに男児の場合、性被害にあっている最中にも体は生理的な反応を示すケースも少なくありません。勃起や射精をしたり、外部の刺激に対して体は反応してしまうわけですが、これらはもちろん性的同意の証ではありません。生理的な反応と「つらい」「嫌だ」という気持ちは切り離して考えるべきです。

子どもは「これは悪いことをされているんだ」とうすうす理解しながらも、体が生理的な反応をしてしまったことで、「ここで快感を覚えてしまう自分はダメな人間なんだ」「実は自分もこういう性的接触をどこかで望んでいたのかもしれない」などと罪悪感を覚えてしまいます。

また加害者は、追い打ちをかけるように「こんな悪いことをしているとママが知ったら、きっと悲しむね」などと子どもに罪悪感を植えつけ、被害者への口止めを強固なものにしていきます。

幾重もの罪悪感でがんじがらめになった子どもは、「自分はきっと悪いことをされていたはずだけど、自分だって感じていたのだから共犯だ」「だから被害を訴えられない（訴えるべきではない）」と考えるようになり、さらには「自分ももしかして望んでいたのではないか」などと自責の念にかられ、被害について口を閉ざすようになるのです。

短すぎる性被害の公訴時効

先ほどのSpringによる調査では、性被害にあった人が被害を認識するまでに平均で約7・5年かかっています。さらに被害を認識しても、身近な人に相談するまでには平均で5〜6年かかることがわかりました。

身近な人に性被害にあったことを相談しても、警察に被害届を出さなければ、事件として扱ってもらえません。この調査では、「警察に相談しなかった」という回答は83・8％にのぼっています。また、被害にあってから警察に相談するに至るのは、平均して9・9年後でした。

つまり、約8割の人が警察に相談をせず泣き寝入りの状態で、たとえ相談をするにしても平均して10年ほどの年月を要していたというわけです。

こういった被害の実態に鑑《かんが》みて、２０２３年7月に施行された改正刑法では、公訴時効期間が延長されました。公訴時効とは、たとえ犯罪が行われたとしても、法律の定める期間が経過すれば対象者を処罰することができなくなる制度です。この公訴時効が、先の刑法改正では長くなりました。不同意性交等罪の公訴時効はこれまでの10年から15年に、不同意わいせつ罪はこれまでの7年から12年に延長されました。

また、もしも被害者が18歳未満ならば、18歳になるまで事実上、公訴時効は適用されません。たとえば18歳未満のときに不同意性交等罪の被害にあった場合、18歳が起点となり、18歳＋15年＝33歳になるまで公訴時効は完成しない、というわけです。

しかし、性被害の当事者団体や識者からは「短すぎる」との声が上がっているのも事実です。先に述べたように、巧みにグルーミングされた被害者は、被害を認識するまでに長い年月がかかります。さらに加害者から植えつけられた恐怖心や恥、「自分が悪かったのではないか」という自責の念から、すぐに周囲に相談をしたり、被害を訴えられるわけではないからです。

オーストラリアの子どもの性虐待に関する調査では、ほかの人に被害があったことを話

不同意性交等罪の時効の各国比較

	被害者が成年の場合	被害者が未成年の場合
イギリス	なし	なし
カナダ	なし	なし
フランス	**30年**	被害者が18歳になった時点を起点とするため、**48歳のときに時効**
ドイツ	**20年**	被害者が30歳になった時点を起点とするため、**50歳のときに時効**
日本（刑法改正案）	現行法の10年を5年延長し**15年**に	被害者が18歳になった時点を起点とするため、**33歳のときに時効**

※被害当事者団体「Be Brave Japan」の調査

出典：「性犯罪の時効5年延長は『短すぎる』 審議中の刑法改正案、子どもの被害『実態に即して』」東京新聞 TOKYO Web、2023年5月28日
https://www.tokyo-np.co.jp/article/252861

すまでの期間は平均23・9年。[*7] アメリカの男性の児童性虐待被害者調査では平均21・4年というデータもあります。

ちなみにイギリスやカナダでは、不同意性交等罪の時効はありません。時効がある国でも、フランスでは30年、ドイツでは20年と日本よりも長いです。さらに被害にあったのが未成年だった場合、ドイツでは被害者が30歳になるときまで時効は適用されず（30歳になった時点が起点）、30歳＋時効の20年、つまり被害者が50歳のときになって初めて時効を迎えるというわけです。

加害者には時効があっても、被害者の傷には時効がない――これは被害当事者がよく述べる言葉ですが、被害者のこころの傷

は一生涯続きます。今後日本でどのような刑法の見直しがあるのか、引き続き注目したいところです。

「なかったこと」にされてきた男児への性暴力

ジャニーズ事務所の性加害問題が社会全体の問題と提起されて久しいですが、この問題が報じられるまでは、「男の子が性被害にあうなんて、現実のものだと考えたことがなかった」と考える方も少なからずいたようです。たしかに日本では長い間、「性被害は弱い存在である女性があうもの」という考えが根強く存在していました。

しかし、確実に男児への性暴力も存在します。

２０２３年７月には、男児５人に性的暴行などをしたとして、元スポーツ講師の男に懲役12年の実刑が下りました。男はそのほかにも、体育館のトイレで児童の陰部を盗撮するなどし、その被害は計23人にものぼりましたが、いずれも被害は男児ばかりだったといいます。

２０２２年３月に発表された内閣府による全国の若年者（16〜24歳）を対象にしたオンラインアンケート[*8]でも、男性への性暴力の実態が明らかになっています。回答者６２２４

人のうち、言葉による性暴力を受けたと答えた男性は11・２％。視覚による性暴力は３・７％、身体接触を伴う性暴力は５・１％、性交を伴う性暴力は２・１％、情報ツールを用いた性暴力は４・６％という結果があります。ＳＮＳを利用した性被害は２・１％、痴漢の被害も１・５％と、女性と比べるとその割合は少ないものの、男性への被害が確実に存在することがわかります。

小児性愛障害と診断される者のなかには、男児を対象とする者も少なからず存在しますし、また小児性愛障害と診断されなくても、「男児のほうが同い年の女児よりも性に対して無防備」という非常に身勝手な理由だけで加害のターゲットにする者もいます。

国は性被害者のための「ワンストップ支援センター」（Ｐ２６５）を全国に整備しています。現在は性別を問わず相談を受けていますが、２０２０年発表の内閣府の調査[*9]では、男性からの電話相談は全体の10・４％だった半面、面談は２・２％に過ぎなかったことが明らかになっています。男性の場合、電話での相談まではアクセスできるものの、そこからより手厚い支援が得られる面談へとつながりにくい状況であることがここからは読み取れます。

子どもの容姿と被害のあいやすさは関係ない

性被害は、性別にかかわらず表に出づらい犯罪ですが、男児への性被害は女児に比べて見過ごされ、被害を訴えづらい側面が大いにあります。

その背景にあるのが、ひとつは刑法の問題です。日本では、明治時代に制定された「強姦罪」で、「暴行又は脅迫を用いて13歳以上の女子を姦淫した者は、強姦の罪とし、３年以上の有期懲役に処する。13歳未満の女子を姦淫した者も、同様とする」と規定されていました。強姦罪では、女性に対して性交（姦淫）をすることだけに処罰の対象は限られていました。つまり被害者が女性の場合のみ強姦罪は適用され、男性の被害者は法律上「なかったこと」にされていたのです。

その後、２０１７年に強姦罪が「強制性交等罪」に改められ、被害者の性別を問わず、加害者は重く処罰されるようになりました。男性の性被害について考えるとき、法の枠組みの影響も少なくないように思えます。

次に社会的な規範です。これまでは「性被害者＝女性」という風潮が強く、「男性は性被害にあわない」という偏った考えが根強く存在していました。

たとえ男性が性被害にあっても、結果的に「たいしたことない」と言われて被害を矮小《わいしょう》化されることも少なくありません。さらに被害者自身も「こんなのよくあることだ」「自分だって望んでいた」「こんなので騒ぐなんておかしい」と自分に言い聞かせ、やり過ごす……というケースも見受けられました。

　その裏には、「男は強くあらねばならない」「弱音を吐いたらいけない」という「男らしさの呪い」も存在しているように思えます。被害を認めることが、自分の弱さを認めることになると感じてしまうと、「男らしく、強くあらねばならない」という刷り込みのもとでは、どうしても被害を認識しづらくなります。

　また、加害者が年上の女性だった場合には、たとえ周囲に相談しても「お前はラッキーだったな（笑）」「うらやましいよ」などと言われて被害を矮小化され、やがて自分でも「あれは性被害だった」と認識しづらくなるというケースも見られます。当然ながら加害者が女性でも男性でも、子どもへの性暴力であることには変わりありません。

　男児が被害にあった場合、「男性は性被害にあうわけがない」→「あったとしても傷つくはずがない」→「傷ついたからといってそれがどうした」という三重の偏見に苦しむことになるのです。

　ときに男児を持つ親からも、「被害にあったのはイケメンだったから」「うちの子はそんなに容姿がよくないから大丈夫」という声が少なからず聞かれます。しかし、小児性犯罪者がターゲット選びの基準にするのは容姿の良し悪しではなく、「いかに加害がしやすいか」です。家や学校に居場所がない、誰からも褒められず自己肯定感が低い、自分は価値がないと思っている……いわば「こころが弱っている」子どもに的を絞って、加害者が時間をかけてグルーミングしていくことは先に述べたとおりです。

政府は一連の問題を受け、２０２３年９月に男性や男の子と保護者対象の電話相談窓口（Ｐ２６５）を開設しましたが、被害にあってから子どもが被害を訴えたり、声をあげること自体がとても難しい点に鑑みると、被害の実態とのズレは否めません。

「男の子は性被害にあわない」「イケメンじゃないから大丈夫」――まずはそんな大人たちの思い込みを変えること、これこそが子どもたちの性被害を減らすための第一歩だと思います。

セカンドレイプを防ぐのも大人の責任

性暴力にあった被害者のこころを深く傷つけるのが、二次加害（セカンドレイプ）です。

セカンドレイプは、性犯罪発生の原因を被害者に求める、いわゆる自己責任論的な考えです。なんらかの性被害にあった人に「そんなところにいたあなたが悪い」「そんな露出の多い服装をしているからだ」など、被害者の落ち度をあげつらい、被害者は被害そのものだけでなく、周囲の無理解によって深く傷つき追い込まれ、孤立することもあります。

#MeTooやジャニーズ事務所の性暴力問題で、インターネットを中心に「売名行為だ」「告発されて人生を台無しにされた加害者のことも考えろ」などといった心ない言葉が告発者に投げかけられている現状は、由々しき事態です。

子どもの性被害においては、さすがに「売名行為だろ」と言う人はいないと思います。しかし、まだまだその実態が理解されていないことから、大人の発した不用意な言葉が子どもを深く傷つけ、結果的にセカンドレイプになることも少なくありません。

繰り返しますが、性被害を受けた子どもは自分で被害を認識することが極めて困難なうえ、被害にあったこと自体を「恥ずかしい」と感じていること、さらに加害者に口止めされている場合は「人に知られてはいけないのではないか」と罪悪感を抱えていることから、自分から被害を打ち明けられないものです。

また、もしこの秘密をカミングアウトしたら、自分がいまいる世界がすべて崩壊するのではないかといった恐れを抱くこともあります。そんな彼らが大人たちに相談するということは、ハードルが高く、並大抵のことではないという点をまずは心得ておきたいものです。

そのうえで肝心なのは、性被害を打ち明けられた大人は、子どもの言葉を絶対に否定しないことです。「何かの誤解なんじゃないの？」「あんなにいい先生がそんなことするわけないじゃない」と親から言われてしまうと、子どもは被害についてそれ以上話そうとは思えなくなります。また「なんで『やめて！』とちゃんと言わなかったの？」「大きな声を出さなかったあんたが悪い」など、被害にあった子どもを責めるような発言は絶対に避けましょう。

たしかに性被害を打ち明けられた大人の立場からすると、被害者支援の専門家でもない限り、やはり動揺してしまうものです。また第1章の事例でも挙げたように、加害者は周囲の評判がよく、大人たちもすっかり加害者を信用しきっているなかでグルーミングをするのが特徴です。

指導熱心な先生、人当たりのいい近所のお兄さん、面倒見のよいシッターさん……信頼していた人が実は小児性犯罪者なのかもしれない――大人にとっても、まさに青天の霹靂《へきれき》です。たとえ親といえども、子どもの告白に混乱と驚きを覚えるのは無理のない話です。

しかし、どうかその言葉はぐっとこらえてください。そしてまずは子どもの話を否定せず、「よく話してくれたね」「話してくれてありがとう」「本当に大変だったんだね」と全面的に受け止めてあげてください。そのうえで、「あなたは絶対に悪くない」と被害を打ち明けられた大人が子どもにしっかりと伝えること、そして「あなたの受けた加害行為は絶対に許されない犯罪行為である」と伝えることが大切です。

さらに被害の詳細については、深追いしないことです。親は心配のあまり、「こんなことされなかった？」「あんなことはなかった？」など、事細かに聴き取りをしたくなると思いますが、子どもは記憶の変容が起きやすく、誘導尋問のように何度も繰り返し聞くと、そのような事実はなかったにもかかわらず、あたかも自分が本当に経験したように記憶してしまうことがあるともいわれています。これをフォールスメモリー（偽りの記憶）と呼びます。

あなたが受けたのは性暴力で、あなたは一切悪くない。悪いのは加害者だ——そうやって被害を認めてもらうことで、子どもは初めて「被害者」になるのです。そして、こうやって「加害者」の輪郭も明らかになっていきます。すべての加害や被害からの立ち直りの道筋は、ここから始まります。

子どもからのSOSを見逃さない

ここまで読み進めてきた方のなかには、「うちの子は被害にあわないだろうか」と心配になる方もいるでしょう。前述のとおり、子どもは被害を被害と認識するまでに時間がかかります。またグルーミングをされた場合、加害者から巧みに口止めをされたり、加害者に「嫌われたくない」と子どもが思っていたり、「自分が悪いのではないか」と罪悪感や自責感を抱いていることから、被害を言い出せずにいます。そのため、被害の実態を保護者や周囲の大人がすぐに気づくのは難しい場合も多いです。

ここでは、子どものどのような変化に親や周囲の大人たちは気を配っておけばよいか、子どもの生活面における兆候やサインについて述べていきます。

まだ子どもが被害に対して無自覚な段階では、スマホを閲覧する時間が長くなる、寝るまでパソコン操作をしている、オンラインゲームに耽溺している、家族と一緒にごはんを食べなくなる……など、日常のささいな違和感にまずは注意したいところです。

しかし、いくら心配だからといって、親が子どものスマホやパソコンの履歴をチェックするのは、子どもとの信頼関係を壊すおそれもあり、注意が必要です。思春期が近づくにつれて、子どもが性的な興味関心を抱くこと自体は性別問わず当たり前のことです。自分が子どもの頃を振り返っても、親から日記やノートを勝手に見られたら、反省よりも反発心や反抗心が先に立つのは、想像に難くないでしょう。

子どもの学年が上がれば上がるほど、親が「最近何かあったの？」「変わったことない？」と聞いても、子どもからは「別に」「さぁ」とはぐらかす答えしか返ってこないことも多々あると思います。しかし、子どもの異変やSOSをいち早く察知するためにも、日常での親子間のコミュニケーションを確保しておくことが前提です。

具体的には、普段から「オンライン上には子どもを巧妙に誘う悪意のある大人がいる」ということを子どもに話しておくのも良策です。SNSなら「見知らぬ人からのメッセージには返信しない」、オンラインゲームなら「知らない人からの有料アイテムやギフトは受け取らない」、さらに「いくら仲良くなってもひとりで直接会わない」など親子間でルールを決めておくことで、より具体的な防犯にもつながります。

また、「男の子が被害にあうことも少なくない」「ネットでは皆がターゲットになりうる」という点も親御さんの口から伝えられるとよいでしょう。

さらにグルーミングだけでなく、違法薬物や自殺、最近では詐欺や強盗の「闇バイト」

などの違法行為を含めた有害な情報から子どもを守るためにも、スマホのフィルタリング機能は必須です。またご家庭によっては、閲覧時間の制限をかける、親の前以外ではスマホには触らないなど、物理的な制限をかけるのも有効です。

子どもを被害者にも加害者にもしない「包括的性教育」

子どもを性暴力の被害者にも加害者にもしないためには、家庭での性教育も視野に入れたいところです。性教育と聞くと、「赤ちゃんはどこからくるの？」といった妊娠・出産や性交など生殖メカニズムについて教えるものだと思われがちですが、ここでいうのは、人間関係や性の多様性、ジェンダー平等、そして性暴力の防止、性的同意、情報リテラシーなどを含めた「包括的性教育」です。人権を基盤に幅広く性を学んでいくものです。

日本でも２０２３年から、性暴力根絶を目指して文部科学省が推進する「生命（いのち）の安全教育」が全国の学校で本格的に実施されています。

たとえば、小学校低学年向けの教材では「水着でかくれる部分は、自分だけの大切なところで、ほかの人に見せたり、さわらせたりしないようにしよう」「同じように、ほかの人の水着でかくれる部分も大切で、見たり、さわったりしないようにしよう」など、プライベートゾーンの概念が取り上げられています。

中学生になれば、自分と相手を守る「距離感」や、デートDV、さらにSNSを通じた性暴力についても触れられています。さらに高校生向けの教材では、性的同意やセクシュアルハラスメントの例や二次被害について言及されているほか、「避妊についても、相手の意思を確認・尊重しないことは性暴力にあたります」など明記されているのも画期的です。

もちろん、この「生命（いのち）の安全教育」には、性交についての記述がないことや、時間数や教える内容も現場に委ねられていることから有識者からの一定の指摘があります。しかし、これらの知識を子どもたちが幼少期から段階的に学んでいけば、将来的には性暴力を減らせることが期待できます。教材や動画は、文科省のウェブサイトで公開されているので、ぜひご家庭でも活用してみることをおすすめします。

「生命（いのち）の安全教育」は、正しい性教育を受ける機会がないまま大人になってしまった、私を含めた中高年にとってもいい「学び直し」の機会にもなるはずです。「キスをしたから性交もしてよいわけではありません」「アルコール等により相手の意識がない状況では、同意を確認したことになりません」などの記述には、「嫌よ嫌よも好きのうち」の価値観を刷り込まれ、ＡＶを性行為の教科書代わりにしてきた世代にとっては、ハッとするものだと思います。第４章の川本弁護士との対談でも、親と子の関わり方や具体的な対処法について詳しく取り上げていきます。

＊1 警察庁「犯罪統計資料（令和４年1〜12月分【確定値】）」
https://www.npa.go.jp/toukei/keiji35/new_hanzai04.htm

＊2 法務省「第5回犯罪被害実態（暗数）調査」第2編　犯罪被害状況
https://www.moj.go.jp/content/001316209.pdf

＊3「現実感がない、記憶が飛んでしまう…『解離』の症状とのつきあい方は？」ＮＨＫ「みんなでプラス」、２０２３年2月17日
https://www.nhk.or.jp/minplus/0026/topic097.html

＊4「【性加害問題】〝実態を知ってほしい〟ジャニーズ事務所　元所属タレントたちの声」ＮＨＫ「クローズアップ現代」、２０２３年5月17日
https://www.nhk.or.jp/p/gendai/ts/R7Y6NGLJ6G/blog/bl/pkEldmVQ6R/bp/pVyKAXLR0P/

＊5「性被害の実態調査アンケート　結果報告書①〜量的分析結果〜」一般社団法人Spring、２０２０年12月24日

http://spring-voice.org/wp-content/uploads/2020/12/%E3%82%A2%E3%83%B3%E3%82%B1%E3%83%BC%E3%83%88%E5%88%86%E6%9E%90%E5%A0%B1%E5%91%8A%E6%9B%B8%EF%BC%91.pdf

＊6「性暴力、被害と認識するまで平均7年半　調査で明らかに」朝日新聞デジタル、２０２０年11月20日
https://www.asahi.com/articles/ASNCN6WCQNCNUTIL045.html

＊7「性犯罪の時効5年延長は『短すぎる』　審議中の刑法改正案、子どもの被害『実態に即して』」東京新聞 TOKYO Web、２０２３年5月28日
https://www.tokyo-np.co.jp/article/252861

＊8 内閣府「若年層の性暴力被害の実態に関するオンラインアンケート及びヒアリング結果報告書」
https://www.gender.go.jp/policy/no_violence/e-vaw/chousa/pdf/r04_houkoku/01.pdf

＊9 内閣府「性犯罪・性暴力被害者のためのワンストップ支援センターを対象とした支援状況等調査報告書」
https://www.gender.go.jp/policy/no_violence/e-vaw/chousa/pdf/r02_houkoku.pdf

第4章　被害者支援の現場から

——川本瑞紀弁護士に聞く、刑法改正で何が変わるのか

川本瑞紀（かわもとみずき）
弁護士。2006年、司法試験に合格。2008年、弁護士登録（第一東京弁護士会所属）。第一東京弁護士会犯罪被害者に関する委員会・委員。犯罪被害者支援弁護士フォーラム会員、性暴力救援センター・東京（SARC東京）理事・協力弁護士を務める。NPO法人mimosas監修。共著に『ケーススタディ 被害者参加制度 損害賠償命令制度』『犯罪被害者支援実務ハンドブック』（ともに東京法令出版）、監修に『性の絵本6』（たきれい作、キンモクセイ）、論文に「強姦神話という迷信」（『捜査研究』2018年8月号）などがある。

「夏休みに間に合ってよかった！」2023年の刑法改正

斉藤　川本先生とは以前、グルーミングによる子どもの性暴力を取り上げた雑誌『サイゾー』での対談企画でご一緒しましたね。先生は被害者支援、私は加害者臨床という双方の視点からグルーミングの実態を語らいました。

川本　たしか２０２１年の秋頃でしたね。とても楽しい時間でした。

斉藤　あれから2年経ったわけですが、性犯罪をめぐる法律は目まぐるしく変わりました。

川本　性犯罪にまつわる改正刑法が施行されたのが２０２３年７月13日。同年５月には衆院本会議で全会一致で可決、通過したものの、なかなか参院で審議入りできず一時は「時間切れ廃案になるか」とも言われていたため、私もハラハラしていました。

斉藤　入管法改正案の審議が紛糾したとはいえ、すごいタイミングでした。

川本　とくに夏休みにはグルーミングによる未成年の性被害が増えるんです。このタイミングでの施行に、「夏休みに間に合ってくれてよかった！」と胸をなでおろしました。うちには９歳になる息子がいるのですが、７月13日になった瞬間に「ハッピーバースデーディア刑法♪」と歌ってくれました。

「不同意性交等罪」で何が変わるのか

斉藤　今回の刑法改正はメディアでも大きく取り上げられました。あらためて、どのような点がポイントなのか、うかがえたらと思います。

川本　２０１７年７月13日施行の刑法にあった「強制性交等罪」と「準強制性交等罪」は「不同意性交等罪」というひとつの罪名に変わりました。「強制わいせつ罪」「準強制わいせつ罪」は「不同意わいせつ罪」に変わりました。２０１７年７月13日施行の刑法の「性交等」とは、性交・肛門性交・口腔性交が含まれています。これに加えて２０２３年７月13日施行の刑法では、膣や肛門に、陰茎以外の体の一部または物を挿入する行為も含まれることになりました。

まず、２０２３年７月13日より前に発生した事件で、強制性交等罪が成立するには、以下の要件が必要です。

・13歳未満の者に性交等をした者には強制性交等罪が成立する
・13歳以上の者に性交等をした者に対し、強制性交等罪が成立するには、暴行または脅迫が必要である。しかも判例上、同罪の暴行または脅迫は、被害者の反抗を著しく困難にする程度のものであることが必要である

斉藤　「被害者の反抗を著しく困難にする程度の暴行・脅迫」ですか。

川本　しかし、実際のところ被害者は、そのような「暴行や脅迫」を受けなくても、恐怖のあまり動けない「トニック・イモビリティ」(凍結反応)、いわゆるフリーズ状態に陥ったり、相手との関係性で抵抗できなかったりするわけです。これは性暴力の被害にあうと

いう「異常な状態」に対する「正常な反応」といえます。この被害者の実態と、刑法の暴行・脅迫要件があまりにかけ離れているという指摘が専門家から相次いでいました。

斉藤　強制性交等罪では暴行・脅迫要件が厳しすぎるというわけですね。2019年3月には、性犯罪に関する無罪判決が4件も続いたことで社会的にも大きな関心が集まりました。その翌月にはこの無罪判決が契機となり、不当判決と性暴力に抗議する「フラワーデモ」が始まったといわれています。

川本　2019年3月に4件続いた無罪判決のなかには、準強制性交等の抗拒《こうきょ》不能について争われたものもあります。

斉藤　準強制性交等罪は、強制性交等罪とはまた別の罪ですね。

川本　はい。準強制性交等罪は、相手の心神喪失や抗拒不能な状況を利用したり、そのような状態にさせたうえで性交等をする罪です。この準強制性交等罪が成立するには、相手が心身喪失や抗拒不能の状態にあること、性交等を行うことが必要条件です。

斉藤　「心身喪失や抗拒不能の状態にある」とはどのようなものでしょうか？

川本　正常な判断ができない状態や、身体的・心理的な理由で、抵抗したり拒否したりできない状態です。飲酒で酩酊《めいてい》させられているのは身体的抗拒不能の典型例です。準強制性交等罪は、強制性交等罪の暴行や脅迫の代わりに、心神喪失・抗拒不能を要件としていると捉えるとわかりやすいです。

ここまでは改正前の強制わいせつ罪・強制性交等罪や準強制わいせつ罪・準強制性交等罪について述べてきましたが、そこでは「暴行・脅迫」「心神喪失・抗拒不能」が要件となっていたことがわかるかと思います。

しかし、これらの要件には、解釈の難しさやバラつきもありました。これについては法務省のウェブサイト[*1]にも「犯罪の成否の判断にばらつきが生じ、事案によっては、その成立範囲が限定的に解されてしまう余地があるのではないか、といった指摘がされていました」とも明記されています。

今回新たに施行された不同意わいせつ罪・不同意性交等罪では、それらの要件を改めて、性犯罪の本質的な要素を「同意しない意思を形成し、表明し若《も》しくは全うすることが困難な状態」という表現を用いて統一的な要件とすることとされました。

法律上の「不同意」は気持ちではなく「状態」

斉藤　改正刑法では、「同意がない性行為は犯罪になり得る」ことが明確にされていますが、その「不同意」という言葉から、インターネットやSNSでは「セックスした後に『あれは同意じゃなかった』と心変わりした相手から訴えられたら、たまったもんじゃない！」といった言説を目にします。

川本　これは誤解です。というのも、不同意性交等罪の「不同意」は法律用語で、日常会話で用いる「不同意」とは、実は異なるものなんです。

斉藤　普段は「あなたの意見に同意します」など、賛同の気持ちを表すために「同意」という言葉を使っていますが、法律の場面では意味合いが変わってくるんですか？

川本　不同意性交等罪の「不同意」は「気持ち」ではなく、あくまで「状態」なんです。というのも、不同意性交等罪は、「暴行や脅迫」「アルコールや薬物の摂取」「同意しない意思を表すいとまを与えない」など8種類の要件によって、「同意しない意思を形成し、表明し若しくは全うすることが困難な状態にさせ」ることが必要とされています。

　ちょっと専門的なので、わかりやすく解説していきますね。たとえば、大量のアルコールで朦朧《もうろう》としていたり、睡眠薬を盛られた人は、「同意しない意思を形成」することがとても難しいですよね。

斉藤　「同意する・しない」を考える前に、精神作用物質などの影響下で眠っていては意識もないですよね。

川本　また、会社の上司と部下、部活の顧問と部員……といった力関係の差があるなかでは、同意しない意思を「表明」することが難しい。ここで「Ｎｏ」と言ったら自分の立場があやうくなってしまいそうな関係では、「同意しません！」とは言えないものです。

斉藤　この権力勾配の構造は、社会問題になったジャニーズ事務所の性加害についても当てはまりますね。絶対的権力を握る喜多川氏のもとで、少年たちは性加害を受け入れれば優遇、拒否すれば冷遇され、事務所を辞めざるを得ない状態に追い込まれていきました。

川本　さらに、たとえ被害者側が「Ｎｏ」と言っても、性行為を完遂されてしまう場合もあります。暴行や脅迫によって「Ｎｏ」と言い続けることができない場合が典型ですね。これが、同意しない意思を「全うすることが困難」な状態になります。

よく「法律が改正されたことで、処罰される範囲が広がったんですか？」と聞かれるのですが、８種類の要件も処罰範囲を広げているわけではないことは法務省のウェブサイトでも明記されています。要は、「これまでの法律の要件があいまいだったため、処罰される場合にはバラつきが生じていた。これが改正された刑法では、本来処罰されるべき行為がより的確に処罰されるようになった」というわけです。

刑法及び刑事訴訟法の一部を改正する法律

法務省
MINISTRY OF JUSTICE

不同意性交等罪・不同意わいせつ罪（改正）

2023年(令和5年)7月13日から施行

以下の 1 又は 2 によって、

性交等(※1)をした場合、不同意性交等罪　【5年以上の有期懲役】

わいせつな行為をした場合、不同意わいせつ罪　【6月以上10年以下の懲役】

が成立(※2)

1 ①～⑧のいずれかを原因として、

同意しない意思を形成、表明 又は 全うすることが困難な状態にさせること、あるいは
相手がそのような状態にあることに乗じること

① 暴行 又は 脅迫

② 心身の障害

③ アルコール 又は 薬物の影響

④ 睡眠その他の意識不明瞭

⑤ 同意しない意思を形成、表明又は全うするいとまの不存在 ……・ 例: 不意打ち

⑥ 予想と異なる事態との直面に起因する恐怖 又は 驚愕 ………… 例: フリーズ

⑦ 虐待に起因する心理的反応 ………………… 例: 虐待による無力感・恐怖心

⑧ 経済的 又は 社会的関係上の地位に基づく影響力による不利益の憂慮

…….. 例: 祖父母・孫、上司・部下、教師・生徒などの立場ゆえの影響力によって、
不利益が生じることを不安に思うこと

2 わいせつな行為ではないと誤信させたり、人違いをさせること、 又は
相手がそのような誤信をしていることに乗じること

1 や **2** に当たらない場合でも・・・

3 相手が13歳未満の子どもである場合、又は、

相手が13歳以上16歳未満の子どもで、行為者が5歳以上年長である場合

にも、不同意性交等罪や不同意わいせつ罪が成立

※1 「性交等」には、性交・肛門性交・口腔性交のほか、膣や肛門に、陰茎以外の身体の一部又は物を挿入する行為も含まれる。

※2 不同意性交等罪・不同意わいせつ罪は、配偶者やパートナーの間でも成立する。

出典：法務省「刑法及び刑事訴訟法の一部を改正する法律」
https://www.moj.go.jp/content/001399486.pdf

斉藤　改正前の法律の処罰範囲を拡大したり、処罰できなかった行為を新たに処罰対象に含めるわけじゃないということですね。

性的同意年齢が13歳から16歳へ

川本　さらに今回の刑法改正では、「性的同意年齢」も見直されました。性的同意年齢とは、性的行為を「する・しない」を自己判断できるとされる最低年齢のことです。これが13歳から16歳に引き上げられました。

斉藤　これによってどのような変化があるのでしょうか？

川本　たとえば、「性的同意年齢が13歳」の社会で、中学1年生の生徒が夏休みにＳＮＳで知り合った20歳の大学生と初めて会ったとします。初対面にもかかわらず話が盛り上がり、さらに「もっと話そう」と近くの公園に移動して話をしていたら、やがて大学生から性交を迫られました。生徒はあまりの驚きで何も反応できず、固まってしまっているうちに、服の中に手を入れられ、パンツを下ろされて性交されてしまった……とします。

　この生徒の誕生日が11月だった場合、夏休みの段階ではまだ12歳です。つまり、刑法が改正される前の世界線でも12歳は性的同意年齢を下回るため、性交等をしたら、この大学生には強制性交等罪が成立します。暴行や脅迫されているかどうかは問われません。

斉藤　問答無用でアウトですね。

川本　しかし、この生徒が5月生まれなら事態は一変するんです。夏休みの段階では、すでに13歳になっていますよね。

斉藤　性的同意年齢に達した、とみなされますね。

川本　これまでの刑法では、13歳を超えてしまったら、強制性交等罪が成立するには「暴行・脅迫」が要件でした。つまりこの場合、大学生は暴行や脅迫をせずに性交をしているので、強制性交等罪は成立しません。中学生が性被害にあっても、暴行や脅迫がなければ、加害者は強制性交等罪で処罰されないというわけです。

斉藤　中学生に大人と同じ判断能力を求めるのは無理があります。ちなみにもしも、この中学1年生の生徒が、「今日は知り合ったばかりだし、性交まではしたくない」と同意をしておらず、さらに大学生も「同意がない」ことを知っていた、それにもかかわらず性交に及んだ、という場合は法律的にはどうなるんですか？

川本　せいぜい青少年保護育成条例違反が成立して、罰金30万円というところでしょうか。青少年保護育成条例の内容は自治体によって異なりますが、現実問題として3年で公訴時効にかかってしまいます。

斉藤　罰則があまりにも軽すぎます。

川本　実は日本における性的同意年齢は、明治時代から13歳のまま、１１５年間改正されてなかったんです。これはＧ７の中で一番低いものでした。

斉藤　これもジェンダー・ギャップ指数が１４６か国中１２５位の日本ならでは、かもしれません。

川本　それが今回の刑法改正では、性的同意年齢が「13歳以上」から「16歳以上」に引き上げられ、同年代同士を除き、16歳未満との性行為は不同意性交等罪が成立することになりました。

　さきほどのケースの場合、中学1年生が誕生日を迎えて13歳になっていても、20歳の大学生が性交をしたら不同意性交等罪が成立し、5年以上の有期懲役に処せられます。さらに改正法では、不同意性交等罪の公訴時効期間は、これまでの10年に5年プラスされて15年になりました。改正刑法では、被害にあったときに未成年者だった場合は、18歳になった日から公訴時効が進行するので、33歳まで公訴時効期間が満了しません。

16歳未満の者に対する面会要求等の罪（新設）　2023年(令和5年)7月13日から施行

16歳未満の子どもに対して、以下のいずれかの行為をした場合(※)、面会要求等の罪が成立

(※) 相手が13歳以上16歳未満の子どもであるときは、行為者が5歳以上年長である場合

1 わいせつの目的で、①～③のいずれかの手段を使って、会うことを要求すること
【1年以下の懲役又は50万円以下の罰金】

① 威迫、偽計 又は 誘惑 ・・・・・・・・・・・・・ 例: 脅す、うそをつく、甘い言葉で誘う

② 拒まれたのに反復 ・・・・・・・・・・・・・・・・・ 例: 拒まれたのに、何度も繰り返し要求する

③ 利益供与 又は その申込みや約束 ・・・ 例: 金銭や物を与える、その約束をする

2 1の結果、わいせつの目的で会うこと　【2年以下の懲役又は100万円以下の罰金】

3 性交等をする姿、性的な部位を露出した姿などの写真や動画を撮影して送るよう要求すること
【1年以下の懲役又は50万円以下の罰金】

出典：法務省「刑法及び刑事訴訟法の一部を改正する法律」
https://www.moj.go.jp/content/001399486.pdf

「面会要求等罪」でグルーミングも処罰対象に

川本　今回の刑法改正では、本書のテーマでもあるグルーミングについても大きな動きがありました。今回新設されたのが「面会要求等罪」です。同年代同士を除き、16歳未満の子どもに対して、わいせつの目的で上図の①～③のいずれかの手段を使って会うことを要求すると、1年以下の懲役または50万円以下の罰金に処せられます。

「威迫、偽計又は誘惑」というのも少しわかりづらいですが、脅したり、嘘をついたり、「デビューさせてあげる」など甘い言葉で誘って面会を要求することです。これもグルーミングの典型例ですよね。さらに「洋服を脱いだ写真を

自撮りして送って」など、写真や動画を撮影して送るように要求することも罪に問われるようになりました（1年以下の懲役または50万円以下の罰金）。

斉藤　面会要求等罪が新設されて1か月後、２０２３年8月中旬には中学2年生の少女に金銭を支払う約束をして面会し、わいせつ行為をしたとして、会社員の男が面会要求等罪と不同意わいせつ罪で書類送検されました。ちなみに、この面会要求等罪で加害者が「わいせつ目的」だったことを立証するのって難しいのでしょうか？

川本　そうですね。ただ加害者のなかにも、オンライングルーミングで「もし実際に会ったら、君がかわいすぎて襲っちゃうかも（笑）」などとメッセージをやりとりしている人がいるため、わいせつ目的が証拠として表れる人もゼロではありません。

また、対象となる年齢の子どもたちに対して実際にわいせつなことを行っていたら、不同意性交等罪や不同意わいせつ罪に問われます。そういった意味では、面会要求等罪は不同意性交等罪の手前、殺人でいえば殺人予備罪のような法律だと思います。

グルーミングとは「ターゲットを隔離する手段」の総称

川本　少し話がそれますが、「漁具を使って魚を捕る行為」という意味では、「カツオの一本釣り」も「底引き網」も「まき網」も、すべて「漁」と呼びますよね。

斉藤 漁は総称ですね。

川本 グルーミングも、総称という意味でこの「漁」と同じなんです。漁にはさまざまな手法があるように、グルーミングも人目につかないところに連れていったり、「会ったらお金をあげる」「ゲームがうまくなる方法を教えるよ」と甘い言葉をかけ、嘘をついて誘い出すなど、子どもへの性犯罪において「ターゲットを社会的に隔離するための手段の総称」と思ってもらえたらイメージしやすいと思います。グルーミングのバリエーションについては、第1章でも述べられているとおりです。

斉藤 「グルーミングは総称」という説明は、とてもわかりやすいです。

川本 かつて「ストーカー」という言葉ができる前には、一方的に好意を抱いた相手を待ち伏せすること、電話を１００回かけることと、中傷ビラを撒くことは、別々のくくりで捉えられていました。けれどこういった行為の総称である「ストーカー」という言葉ができたことで、「ＧＰＳ発信機を他人のバッグに勝手につけたら、それはストーカー事案だよね」といまや皆が理解できるようになってる。

斉藤 ストーカーという言葉ができたことで、その概念がより広く世の中で共有されるようになりました。

川本　いまはまだ過渡期ですが、面会要求等罪が新設され、「グルーミング」という言葉が社会全体に認知されることで、新しい手なずけの手段が生まれても「あ、これはグルーミングだな」という意識が醸成されてくると思います。

加害者が使い分けるアメとムチ

斉藤　グルーミングをする加害者はとても巧妙に子どもを手なずけます。まさに「加害者はマジックを使う」といっても過言ではない。

川本　被害者支援の立場から見ても、彼らは「アメとムチ」を巧妙に使い分けていると思えます。頻繁にＬＩＮＥやＤＭを送って、どこまでもやさしく子どもに接していたと思いきや、なんらかの事情で子ども側からの返信が滞ると、そこで「ムチ」を与えます。

「なんで昨日は返事してくれなかったの？」「こっちは寝ないで待ってたのに」「ほかの友達と一緒にいるほうが楽しいなら、もう自分は用済みだね」などと駆け引きする。すると、ターゲットにされた子ども側も「嫌だ！　いなくならないで！」と懇願し、ふたたびアメを与えられることを繰り返していくと、やがて「自分たちは相思相愛だ」と思い込んでいく。

斉藤　大人同士でも、相手を試すような言動をするモラハラ気質の人もいますね。

川本　さらに加害者は、一度に何十人もの子どもを同時並行的にグルーミングすることも珍しくありません。彼らは魚を寄せるためにコマセ（寄せ餌）を撒いているわけです。釣りでも最初からコマセを撒きすぎてしまうと、魚も満腹になって針のついた餌には見向きもしなくなってしまいますよね。グルーミングも最初からアメだけを与えすぎず、アメとムチを巧妙に使い分ける点も釣りと通じるものがあると思います。

斉藤　コマセ、言い得て妙ですね。ターゲットに狙いを定める際の、加害者のアセスメント（評価・査定）能力の高さには驚くべきものがあります。加害者は、ターゲットにする子どもについて「家庭では親と仲がいいか」「学校では教師とうまくやっているか」「信頼できる友人はいるのか」など入念なリサーチを行い、子どもの孤立具合を査定します。子どもが抱える「闇の深さ」「孤立具合」を、社会との関係性のなかからアセスメントして、アプローチしていくわけです。

川本　その手法は繰り返していくほど、システム化されて無駄がなくなってきますね。社会生活で孤立感を抱いている子がグルーミングの標的にされやすい一方で、いわゆる「普通の子」が被害にあうケースも少なくありません。
とくに中学生頃になると、クラスでも美男美女がモテる、スポーツの成績上位の生徒が人気を集めるといった「スクールカースト」ができますよね。スクールカースト上位者は、他者からの性的な目線にも意識的になりますが、上位にランクインできない子は、「別に自分はモテるタイプじゃないし」「自分には性的な話は関係ないよね」と思いがちだったりします。

斉藤　他者から性的に見られることに極めて無自覚である。

川本　けれど大人から見たら、その時期の子どもたちは皆一様に若い生命力がほとばしってるじゃないですか。大人からするとスクールカーストなんて関係なくて、若いだけで魅力的です。しかし、当人はそんなことはつゆ知らず、他者からの性的な視線に無自覚な「普通の子」が無防備なままグルーミングのターゲットにされる、といった例も付け加えておきたいです。

斉藤　小児性犯罪の加害者はよく「承認欲求を転がす」という表現を使うのですが、ターゲットに対して、いまここでどのような言葉を使えば、子どもたちが「自分は承認された」と感じるかをとてもよく知っているんです。そういった意味でも彼らは「いまここで」という感覚にとても長けているように思えます。

この「いまここで」という概念は、カウンセリングでは「ヒア・アンド・ナウ」と呼ばれ、とても重視されます。研鑽《けんさん》を積めば敏腕カウンセラーになれたのではないか、とさえ思ってしまう加害者が何人もいるのは、なんとも皮肉な話です。

ジャニーズ事務所で行われた「環境ごとグルーミング」

川本　私が担当した事案のなかでも、部活の顧問の教師が何人もの生徒を同時並行的にグルーミングし、その上の代の生徒たちにまで性加害に及んでいたことが発覚した件もよくあります。

そこでは、たとえ子どもの帰りが遅くなっても「あの部活は帰りが遅いから」とか、その顧問教師とＬＩＮＥを個人的に交換していても「あの部活は指導が熱心だから」と保護者までも見過ごしがちになったり、教師が「セックスすると集中力が上がるんだ」など性的な表現をしても「あの先生はよくそういう下ネタを言うから」とスルーしてしまうなど、部活という環境ごとグルーミングされていきます。

周囲に絶大な影響を及ぼし、コントロールするという意味では、加害者はまるで小さな教祖様のような立ち位置になります。

斉藤　環境ごとグルーミングされてしまっては、性加害の実態が「わが部の伝統だから」と隠蔽され、受け継がれていくことがあります。逆にいえば環境ごとグルーミングしなければ、どんな権力者でもひとりだけで性加害行為を続けることは至難の業です。構造としては、ジャニーズ事務所の一件と相似だと思います。

川本　刑事訴訟法では、起訴するにあたって犯行が行われた日時・場所・方法を可能な限り特定することが定められているんです（刑訴２５６条第３項）。

　ただ、こうした長期に及ぶグルーミングや子どもへの性暴力の場合、被害が長期間にわたるため、「いつ行われたか」という日時を特定するのが難しいので、起訴のハードルが上がってしまうんです。

斉藤　とくに幼児から小学校低学年くらいだと、性加害を受けていても記憶があいまいになっていたり、そもそも自分が何をされているのかもよくわかっていなかった、ということもあります。

川本　運動会などのイベントがあったときは記憶に残りやすいので、もし被害者が記憶をたどった末に「運動会の日にも被害にあいました」と言えば、その日だけは立件してくれる……というわけです。よくインターネットでは「こんなに性加害が長期間に及んでいるのに、懲役はこれだけ？」といった意見も交わされますが、その場合も起訴されているのは「運動会の日、1件だけ」だったりします。

斉藤　被害者としては加害を受けたことはわかっているのに、それがいつだったか日時が特定できない限り、事件として取り上げられないんですね。これは法律の世界では常識なんでしょうか？

川本　とくに性犯罪の場合は立件できません。覚醒剤だと、尿から成分が検出されれば、使用した日時や場所について厳密に特定できなくても有罪とする裁判例もありますが、覚醒剤とパラレルに考えるのは甘いです。

斉藤　私も仕事柄、加害者側の調書をよく見るのですが、「こんなに性犯罪を繰り返しているのに、なぜ起訴されたのはこれだけなのだろう？」と感じるケースも多かったのはこのためだったんですね。これも法の専門家の間ではもはや常識的なことだと思うのですが、上限が有期刑だと、何十人、何百人と子どもへの性加害を繰り返しても無期懲役にはならないのですか？

川本　刑事裁判の場合、1件の有期懲役の上限は20年、2件以上の場合は「併合罪」となり、法定刑の長期のほうが1・5倍になります。30年が上限ということです。つまり不同意性交等罪では30年を超える判決は出ません。ただ被害者がケガをした場合は、不同意性交等致傷罪（旧・強制性交等致傷罪）となり、無期懲役が法定刑に含まれてきます。

性的同意、親子でどう学ぶ？

斉藤　加害者臨床の立場からすると、不同意性交等罪の罪名の中に「同意」という言葉が入った意義はとても大きいと思っています。私は10代の少年事件を担当することもあるのですが、彼らに「性的同意っていう言葉を知ってる？」と聞くと、皆一様に首をかしげます。

川本　「性的同意」という言葉自体を知らない、聞いたことがないんですね。

斉藤　そうなんです。そこで私がひとつひとつ説明すると、「このことをちゃんと学んでいたら、今回のような事件は起こさなかったかもしれない」という反応が返ってくるんです。これは驚くべきことです。学校や家庭などで性的同意の概念を学ぶこともなく、YouTubeやSNS、友達との会話から得た知識だけで、自分なりの性的同意の概念をつくり上げてしまった結果、事件を起こしてしまった。

そう考えると、やはり幼少期から家庭や学校の中において、包括的性教育のなかで「同意」について大人たちが教えていくことが大事だと強く思います。

川本　わが家の話で恐縮ですが、『子どもを守る言葉「同意」って何？ YES、NOは自分が決める！』（レイチェル・ブライアン著、中井はるの訳、集英社）という本を小学校1年生のときから読ませています。この本、本当にいいんですよ。バウンダリー（境界線）、体の自己決定権、同意といった概念が、ハッピー感のあるイラストと文体で伝わるようになってるんです。

斉藤　この著者は、世界的な人気動画〝Tea Consent（お茶と同意）〟[*2]をつくったアニメーターで、自身の娘が「学校で突然男の子にキスされた」と話すのを聞いて、「子どもこそ『同意』を知るべき！」と考えて子ども向けのビデオをつくり、この本を書いたといわれています。

　この本で取り上げられている「バウンダリー」は、中高年にとってはあまり耳なじみのない言葉かもしれませんが、人によって「大丈夫」や「嫌だ」と感じるバウンダリーが違うことがわかりやすく説明されているのも画期的です。これは大人もあらためて読むべき内容です。

川本　「キミはキミ自身の『王』なんだよ」「キミのからだはキミのものなんだ！」というのもとても教えやすいですね。いまの段階では、うちの性教育はバウンダリー教育に近いですね。

斉藤　もう少し年齢が上のお子さんには、『10代のための性の世界の歩き方』（櫻井裕子著、イゴカオリ漫画、時事通信社）もおすすめです。櫻井裕子さんはベテランの助産師で、小・中・高・大学生や保護者に包括的性教育に関する講演を全国で行っている方です。

実は櫻井さんとは、２０２２年9月から大船榎本クリニックで月に1回、性加害者を対象とした包括的性教育プログラム「性的同意は世界を救うプロジェクト」を一緒にやっています。このプログラムは参加者、つまり加害当事者からの「性教育を学び直したい」という強い希望がきっかけで始まった、日本で初めての試みです。

うちも上の息子が今年中学に上がったのですが、とくに男の子は思春期にさしかかると自分の世界を持つようになります。そうなるとなかなか親と話す機会も少なくなってくるので、その手前の段階で包括的性教育を通したコミュニケーションができるのが理想だなと感じます。父親も自身の性を語る言語を持っているわけですから、まずは自分の体験から話を始めるのがいいと思います。

以前、仕事でご一緒したタレントの小島慶子さんは、子どもの性的な疑問や質問には「とにかく親が恥ずかしがったり照れたりしたらダメ」とおっしゃっていました。男女の体の仕組みや違いを子どもにわかる言葉で説明することを心がけているようです。これは目から鱗でした。

川本 私もわりと、そんな感じです。そもそも体のパーツはどれもつながっているのに、指の話はなぜよくて、ちんちんの話はなぜダメなのか私にはわからない。でもそのテンションでママ友の集まりに行くと引かれるので、そういう人の前では黙ってますけど（苦笑）。

子どもの前で被害者を責めてはいけない

斉藤 子どもを被害者にも加害者にも、そして傍観者にしないためにも、家庭でのコミュニケーションがとにかく大事になってきます。

川本 やはり親として気をつけるべきは「何気ない会話」ですよね。テレビで子どもや女性が性被害にあったニュースがふと流れてきたとき、「あんな露出の多い格好してるから痴漢にあうんだよ」とか、「あの子はなんで知らないおじさんの家についていったのかね」「あとから被害にあったなんて言い出して、お金目当てなんじゃない？」などという言葉は、たとえ心で思っていても、子どもの前で言ってはいけないと思います。まず親御さんはテレビを見て、被害者を責めない。

斉藤　子どもは聞いてないようで、すごく親の会話を聞いてますから。

川本　親が普段から被害者を責めていたら、子どもの立場からすると、いざ自分が被害にあっても打ち明けられませんよね。

　被害者を責めるのって、ラクなんですよ。「被害にあった人は自分とは違う世界線に生きている」「でも自分には隙がないから、こういう被害にあわないで生きていられるんだ」と思えるじゃないですか。しかも、被害者の落ち度を指摘することで何か社会的にも有用なことをした気にもなれますから。

自分の子どもから性被害を打ち明けられたら

川本　もしも子どもが性被害を訴えたら、やはり親としては驚いてしまうものですが、なるべくフラットに聞くことが大事ですね。とはいえ、私だってもしも自分が実際にその立場になったら、どこまでできるのか疑問です。ただ、少なくとも心構えだけは持っておかないと、いざというときに対処できませんからね。

斉藤　親も信じがたい、信じたくない話なので、つい否定したくもなります。

川本　もし、とっさに「まさかそんなことあるわけないじゃない」などと子どもを否定する言葉が口に出てしまったら、すぐに子どもに謝ることですね。何か自分が間違ったことをしたと気づいたら即謝るのは、すべての人間関係の基本ですよね。

斉藤　もし被害を子どもに打ち明けられた親は、どこにつながるのがいいでしょう？

川本　結論から言えば、「ワンストップ支援センター」ですね。「＃８８９１」です。「はやくワンストップ」と覚えるといいですね。

　というのも、子どもから被害を聞いたら、親も動揺してしまうし、それが警察案件なのか、弁護士に相談すべき案件なのか的確な判断はできないものです。また、加害者が学校の先生なら、東京都教育委員会は児童生徒性暴力防止法の相談窓口（Ｐ２６５）を持っているので、都内にお住まいの方は覚えておいて損はないと思います。

斉藤　同じ年頃の子どもを持つ身としては、これはぜひ知っておきたい。

川本　親としては、「自分がちゃんと子どもを見守っていれば」などと思ってしまいがちですが、どうぞくれぐれもご自身を責めないでほしいですね。今回新設された面会要求等罪では、わいせつな写真や動画を撮影して送るように要求することも処罰の対象になっています。加害者にとっては、ＳＮＳやＤＭでやりとりして、言葉巧みに子どもを手なずけて裸の自撮り写真を送らせるなんて、早い場合は1週間で加害行為が完結してしまう、それが実態です。

斉藤　1週間なんて、親が風邪で寝込んでいたらあっという間です。

川本　そうです。親も子どもも悪くない、加害者が１００％悪い。こう思っておくのが親の鉄則です。

＊1 法務省「性犯罪関係の法改正等　Ｑ＆Ａ」
https://www.moj.go.jp/keiji1/keiji12_00200.html

＊2 Tea Consent - YouTube
https://www.youtube.com/watch?v=oQbei5JGiT8

第5章 小児性愛障害の治療

「また絶対にやってしまう」

「先生、俺、このまま刑務所から出たくない。また絶対にやってしまうってわかっているんだ」

これはかつて、刑務所で出所前の環境調整のために私が面会した元受刑者の言葉です。彼は小児性犯罪で何度も服役し、いずれ満期出所になるという状況でこの言葉を述べていました。２０１９年４月から法務省で「性犯罪受刑者等に対する生活環境の調整の充実強化について」という制度が予算化され、その一環として面会に行ったときのことでした。

まず、矯正施設からの出所には「仮釈放」と「満期出所」の２通りがあります。身元引受人や住む場所、さらに保護司や保護観察官など出所後の支援がある仮釈放に比べて、出所後に保護観察がつかない満期出所の場合、再犯率が高くなる傾向があります。

満期出所になる理由は受刑中の態度も含めさまざまありますが、出所後に相談する人もおらず、生活費をまかなう仕事もない、住む場所もない……いわゆる「カネなし、ヤサ（住居）なし、ガラウケ（身柄引受人）なし」の状態では、おのずと社会から孤立してしまいます。最初は「今度こそ絶対にやり直そう」と決意しても、さまざまな困難にぶつか

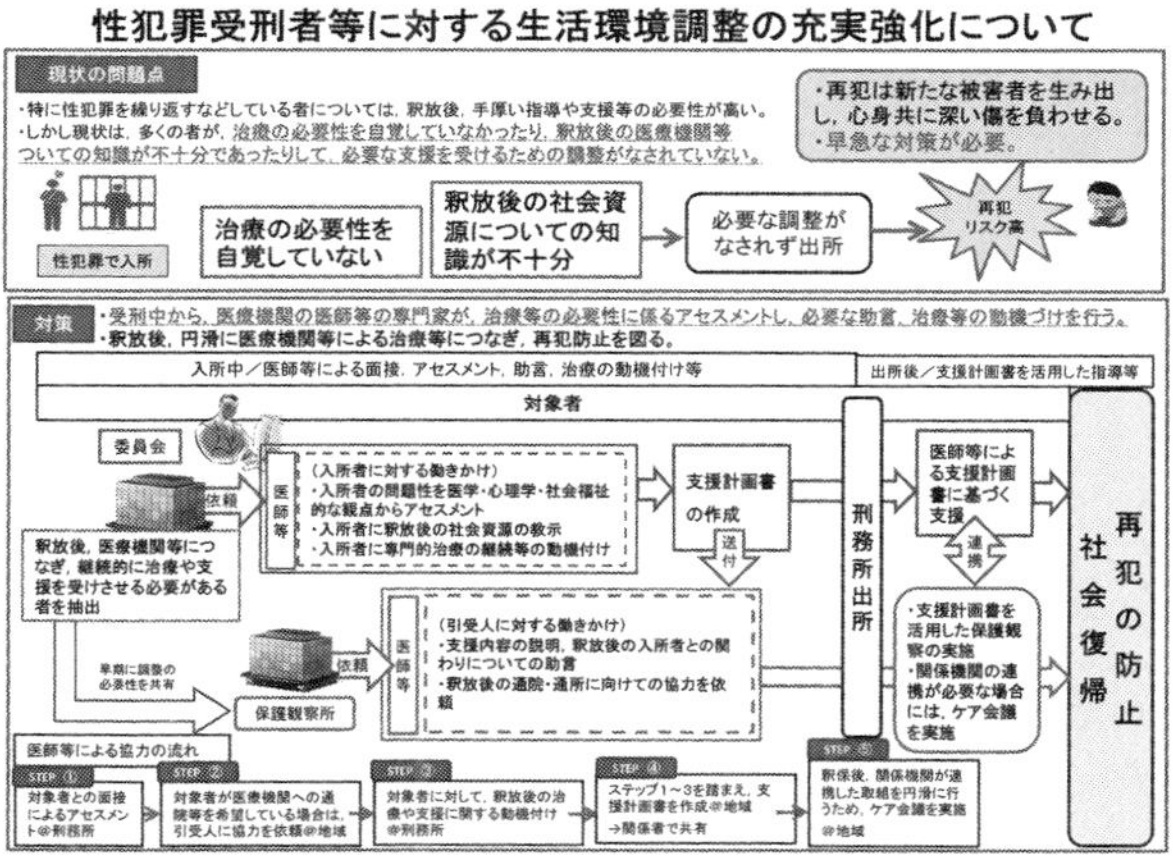

出典：法務省

るうちにやがては自暴自棄になり、「いっそのこと再犯したほうがマシ」と考えるようになってしまうケースが少なくないのです。

満期出所者の立ち直りの難しさは性犯罪者だけでなく、あらゆる元受刑者についていえることです。法務省が公表する「令和4年版 犯罪白書」[*1]によれば、刑務所から出た人が再犯して5年以内に戻ってくる「再入率」は、仮釈放者で30・1%ですが、満期釈放者は46・9%とさらに高いことが示されています。

また、小児性犯罪者の再犯率の高さはP69で述べたとおりです。残念ながら重度の小児性愛障害者のなかには、何度も刑務所に収監されても、出所後に再び加害行為に及んでしまう人もいます。

ハイリスクの小児性愛障害と診断されたH（40代男性）は、それまでに8回もの受刑歴がありました。刑期を終え、1年も経たないうちに子どもへの性加害を起こし、そのたびに逮捕され、刑務所に入りました。

8回目の刑期を終えた後、Hは刑務所内でうわさを聞いて当院につながり、小児性犯罪者に特化した治療グループに参加し、抗精神病薬による薬物療法も始めました。プログラムでは同じ問題を持った仲間たちにも励まされ、処方された薬も彼の体質に合っていたのか、以前からコントロールが難しかった「子どもに加害行為をしたい」という衝動や性的な欲求は鎮静化し、通院を続ける日々が約1年続きました。

ここしばらくは1年間もシャバに居続けた実績がなかった彼ですから、その穏やかな日々はかけがえのないものだったといいます。「何気ない平穏な普通の日々が、こんなにも価値があったのかと初めて気づいた」と、グループセッションでよく話をしていました。

しかしそんなある日、彼は再犯してしまいます。私が警察署に面会に行った際、彼は「クリニックに通っている間はとても穏やかに過ごしていた。けれど、子どもへの欲求を感じない自分は生きていても〝自分らしくない〟と思ったんです」と涙ながらに述べたのです。

これを再犯防止プログラムのなかでは、「現在の治療が無味乾燥に思えて、過去の問題行動をしていた自分が本当の自分であると錯覚するのは警告のサインである」というふうに学びます。

再犯しないために自死を選ぶ人も

小児性愛障害者の反復する加害行為には嗜癖行動、つまり行為依存の側面があると述べてきましたが、子どもへの性加害という刺激は、ほかの何事にも代えがたい強いものとして、脳の報酬系に強固にインプット（条件付け）されてしまいます。そしてひとたび刑務所に収監されれば、それまで継続していた治療プログラムも薬物療法も、強制終了してしまいます。

しかし、たとえ塀の中にいて治療を受けられなくなったとしても、子どもへの衝動的な欲求を自覚できる自分のほうが「自分らしい」というのが前述の彼の訴えです。

自分らしさ——これは現代社会を生きる私たちが渇望するものです。誰もが自分らしく、ありのままで生きることがよしとされている時代。そこでは「自分らしく」生きるためにも、多様な性的指向や性的嗜好も最大限尊重されることが求められます。しかし、自分より弱い立場の者を踏みにじったうえでの「自分らしさ」は、当然ながら成り立ちません。彼の言う「自分らしさ」は自己中心的であり、かつ他者を傷つける認知の歪みに基づいたものであると言わざるをえません。

これほどまでに強固な認知の歪みを内包しているハイリスクな小児性愛障害者の治療は、ときに困難を極め、最終的に「再犯をしないため」と自死を選ぶ者もいました。自分の死と引き換えに子どもへ性加害したい欲求を手放したといえます。

冒頭の出所前の環境調整で面会した受刑者も、「自分は出所したら再犯してしまう」と自らの再犯リスクに怯えていましたが、その苦渋に満ちた発言を前に「そんなの甘えだ」「自分で責任を取る気概がない！」といった正論を私は口にすることはできませんでした。

それよりも、彼らのメッセージは社会内の地域トリートメントの脆弱さや生き直しの選択肢の少なさを表していて、矯正施設内処遇と社会内処遇の連携の未整備といった、日本における性犯罪者処遇の問題点を的確に指摘しているといえます。

しかし一方で、困難だからといって諦めてしまえば、また新たな被害者を生み出すことにつながってしまいます。

「どんなハイリスクな性犯罪者も必ず変わることができる」

これは、ウィリアム・L・マーシャルによる言葉です。カナダ出身のマーシャルは性犯罪の研究や治療においては神のような存在です。２００７年２月に開かれた法務省主催国際シンポジウム「性犯罪者の再犯防止のために―トリートメントとアセスメント」でマーシャルは先の言葉を述べました。

これは何も希望的観測ではありません。エビデンスに基づいた治療やセラピストの存在、さらに彼らが再び社会のなかで生活できるような支援によって、性犯罪者も必ず変わることができる、とマーシャルは述べているのです。私自身も、これまで２５００名を超える性犯罪加害者のプログラムに関わってきましたが、処遇困難ケースが続いてくじけそうなとき、このマーシャルのメッセージを礎《いしずえ》にしてきました。

この章では、矯正施設や民間施設での小児性犯罪者の治療教育や再発防止への取り組み、さらには社会内で彼らとどう共生していくのか、国内外の施策について論じていきます。

刑務所での再犯防止プログラム

刑務所では、自分がした犯罪行為の責任を自覚させ、社会生活に適応するのに必要な知識や生活態度を習得させることを目的として、すべての受刑者に対して「改善指導」が行われています。さらに特定の者を対象とした「特別改善指導」というものがありますが、性犯罪者には通称「Ｒ３プログラム」と呼ばれる「性犯罪再犯防止指導」が行われています。

Ｒ３プログラムは、２００４年11月に起きた「奈良小１女児殺害事件」をきっかけに、性犯罪を繰り返す者への処遇を検討する世論が高まり、これに応える形で法務省が始めたものです。帰宅途中の女児をレイプ目的で誘拐し、自宅マンションで殺害した小林薫死刑囚（執行済み）は、当事件を起こす前から小児性犯罪を繰り返し、有罪判決を受けていました。

このＲ３プログラムは、カナダで実施されているものを日本バージョンに加工したもので、２００６年５月から特定の刑務所内で始まりました。受刑者は刑務所で、性犯罪につながる自らのハイリスク状況とトリガーを同定し、「認知の歪み」を認識し、対人関係のスキルを身につけ、他者への共感性を高めるなど再犯をしないための具体的な方法を学びます。また同年９月からは、保護観察所でも「性犯罪者処遇プログラム」が仮釈放者などを対象に行われるようになりました。

R3プログラムの効果については一定の評価はされているものの、「これさえ受講すれば、誰でも絶対に再犯しない！」という万能策では残念ながらありません。

法務省のウェブサイトには、R3プログラムの対象者は「性犯罪の要因となる認知の偏り、自己統制力の不足等がある者」と明記されていますが、そもそも刑務所にいる性犯罪受刑者すべてがR3を受講できるわけではありません。2度の調査（判決が出た後に移送された受刑施設で常習性や反復性の有無を、分類施設で再犯リスクの可能性などを調査）を経たうえで、R3プログラムを受講するべきかどうかの判断が下されるのです。

R3の対象者は、基本的には治療反応性（治療が有効である可能性）が高い者を中心に選ばれます。プログラムは個別ではなくグループワーク中心なので、受刑期間が短い者や、性的目的で事件を起こしているにもかかわらず罪名が性犯罪ではない者、知的障害や精神障害・身体障害がある者、言語能力が低い者などは対象から除外される可能性が高いといわれています。

また、R3は全国に68か所ある刑務所のうち21か所でしか実施されておらず、受講させるために遠方の刑務所から移送させる必要も出てきます。

認知の歪みを変えることは一朝一夕にはできません。プログラムを受けるのが刑期終了の直前ならまだしも、たとえば懲役10年の人が5年目で受け、残りの期間はメンテナンスのためのプログラムを受講したり復習をしなければ、せっかく学んだことも出所する頃には頭から抜けてしまいます。Ｒ３で使用されているワークブックを施設外に持ち出せないのも問題です。

このあたりについて、２０１８年に当院を性依存症の治療目的で受診した患者で、過去にＲ３を受講した20名から詳細なヒアリングを実施しました。そのなかでも、「せっかくいいプログラムを刑務所内でやっているのだから、出所後も再犯防止を継続するために使いたいのでワークブックを持ち出せるようにしてほしい」という声が多数ありました。これはおそらく著作権の問題などで、今後も持ち出すことはできないだろうと思います。たとえ矯正施設内で再犯防止のプログラムを受けて、認知の歪みについて学んだとしても、いざシャバに出たとき「やめ続ける」ことができなければ、絵に描いた餅です。

そもそも、刑務所など矯正施設内で性犯罪の再犯は基本的には起こりません。塀の中は、彼らが加害行為に及ぶトリガーはことごとく排除された環境です。彼らの衝動を喚起する子どもを見かけることもありませんし、児童ポルノに耽溺していた人でも、刑務所内では手に入れることはできません。

以前話を聞いたＲ３の経験者も、「あの中では起きないよね」と率直にコメントしていました。また、「仮釈放がほしいという理由で真面目に受講している受刑者もいるから、プログラムの効果検証は難しい」といった声も受講経験者から聞くことがあります。

　刑期が終わり、仮釈放であれば保護観察期間が一定期間（３か月以上）ある者は、保護観察所でも「性犯罪者処遇プログラム」を受けることになっています。これは仮釈放対象者だけでなく保護観察付で執行猶予となった者も含まれます。

　ここでは保護司と定期的に面談をしたり連絡を取り、困ったことがあれば相談しながら社会復帰を目指します。つまり、少なくとも長期の服役期間を経ていきなり「カネなし、ヤサなし、ガラウケなし」の状態で社会に戻らなければならない満期出所者と比べると、再犯リスクが低くなる可能性が高い「ベターなもの」といえます。

　しかし、この性犯罪者処遇プログラムは受講期間が短く回数も少ないこともあり、継続的な地域トリートメントへつなぐ役割を担う人も機関もないのが、いまの日本の現状です。せめて、保護観察所でプログラムを受講している対象者を、プログラム終了後も保護観察所が主導して、居住地に近い民間の専門施設につなぐようなコーディネート機能があれば、プログラムにつながる人はずいぶん増えると思いますし、そのような有機的な連携を私たちも望んでいます。

出所後、継続的にプログラムを受ける体制が整備されていなければ、この問題でもっとも重要な「やめ続けることを維持する（メンテナンス段階）」ことは難しく、再犯防止のための連続した処遇はまさに「ぶつ切り処遇」になってしまいます。これでは本来の意味での再犯防止には到底つながらないといえるでしょう。

「アルコール依存症の本質は、性の問題だった」

Ｒ３プログラムが矯正施設内で始まったのが２００６年５月ですが、時をほぼ同じくして当院でも「性犯罪及び性依存症グループ」（ＳＡＧ：Sexual Addiction Group-meeting）という枠組みで性犯罪者の地域トリートメントが始まりました。日本の民間医療機関では初めての試みで、これまでにおよそ２５００名以上が受診しています。

ここで、このプログラムを立ち上げたきっかけについて簡単に説明します。

当時、私が担当していた患者のなかに、アルコール依存症のＭ（男性）がいました。彼は断酒を続けて３年ほど経っていたのですが、ある時期を境にクリニックに姿を見せなくなりました。いったいどうしたものかと私もほかのスタッフも彼の身を案じていると、クリニックに警察署から一本の電話がかかってきました。電話口の刑事は、彼が勾留されていることを告げ、通院時の情報を教えてほしいと私に依頼してきたのです。

翌日、勾留先の警察署に面会に行った私は、Ｍの口から驚くべき事実を知ることになります。実は彼は酒をやめている間ずっと、子どもへの性加害を繰り返していたのです。そこで私は、彼には当院につながる前にも小児性犯罪の前科があったことを初めて知りました。彼はアルコール依存症の治療をクリニックでしっかりと続けて断酒していたものの、子どもへの性的嗜好についてはどこにも相談をしていませんでした。いえ、正確にいえば誰にも相談「できない」状態でした。

当時、私もさまざまな文献を当たりましたが、すぐには直接的な手立てとなるものには巡り会えませんでした。しかし、あるとき『アルコホーリクス・アノニマス　無名のアルコホーリクたち』（ＮＰＯ法人ＡＡ日本ゼネラルサービス）という本を手にする機会がありました。これはアルコール依存症の自助グループで使われているバイブルで、「ビッグブック」と呼ばれています。そこには次のような一節がありました。

「われわれは酒を止めてしばらくたってから自分の本当の問題に気づいた。それは性の問題だった」

衝撃的でした。まさに私の体に電流が走った瞬間でした。アルコール依存症の根っこにある本質的な問題は、性の問題だった……このことは、アルコールだけでなく、違法薬物やギャンブル、万引きなどその他の依存症にも当てはまることです。この出来事をきっかけに、私は何かに突き動かされるように、性の問題を抱える人たちの受け皿ともなるべき「性犯罪及び性依存症グループ」の立ち上げに奔走しました。

ちょうどそのタイミングで、前述の奈良小1女児殺害事件が起こり、法務省内でも性犯罪再犯防止研究会が立ち上がって有識者会議が開かれるようになりました。この事件がさらに私の背中を後押しすることになり、2006年5月に院内で記念すべき第1回目の性依存症グループのプログラムを開始しました。このときの参加者はわずか3名。15年後には日本全国から2500名を超える対象者が利用するプログラムになるとは夢にも思いませんでした。

小児性犯罪者は刑務所内で「最底辺」の存在

さらに当院では2018年に、子どもに対する性犯罪を繰り返す人に特化した治療グループ（SPG）を始めました。小児性犯罪者に特化したグループができた背景には、彼らが「性の問題を持ったグループ内でも排除されてしまう」という理由があります。

刑務所内でのＲ３プログラムも、クリニックでのＳＡＧも、治療は主にグループワークの形式で進められます。ワークブックを用いて、複数人でグループをつくって過去の問題行動を振り返るなかでそこに至る要因を探り、認知の歪みに向き合っていきます。

グループワークでは、自身が過去に犯した加害行為について「自分の問題行動は盗撮行為です」などと言及することがあります。しかし、実はそこに小児性犯罪者特有の大きな壁があるのです。それは、犯罪者の「ヒエラルキー問題」です。

刑務所内は集団生活ですから、罪状やその人のバックグラウンド（世間を騒がせた事件なども含む）により区別され、自然と人間関係に序列ができていきます。まず受刑者ヒエラルキーで頂点にいるのが暴力団員や、殺人、死体遺棄、強盗殺人などの生命犯です。その次に有名事件の受刑者や長期服役中の受刑者、さらに薬物や詐欺、窃盗などの受刑者が続く構造です。そして、ヒエラルキーの最底辺にいるのが性犯罪者です。

刑務所内はわかりやすい典型的な男社会でもあります。性犯罪者は女性や子どもを対象にするため、「もっとも男らしくない犯罪」という位置づけになります。

犯罪者の最底辺とみなされる性犯罪者のなかでも、さらにヒエラルキーは細分化されています。「最底辺のトップ」は痴漢や盗撮で、最下位にくるのが、小児性犯罪者です（刑務所内では「ペド」という差別的な隠語もあります）。痴漢をしていた人からすると、小さな子どもに加害行為を行った小児性犯罪者は、「自分たちのほうがマシ」「あのロリコンほどひどくない」「あいつらの脳はイカれてる」と見下すべき存在になっているわけです。

さすがにクリニックでは暴力団員が幅を利かせることはありませんが、同じ性犯罪歴を持つプログラム受講者のなかで、小児性犯罪者が白眼視される傾向に変わりはありません。

グループミーティングでは、正直に体験談を分かち合うことが前提となります。しかし、前述の理由から小児性愛障害者はこの段階でつまずいてしまいます。自分の行った加害行為に、どのような眼差しが世間から向けられるのかは彼らも十分に自覚しているので、治療の場でも正直に自己開示できず、孤立感や疎外感からドロップアウトしてしまうのです。

このような背景から、当院では子どもへの性暴力を犯した者に特化した治療グループを開始し、これまで200人以上が受講しています。

グループミーティングでは、ときに聞いている私たちスタッフですら気持ちが悪くなってしまうようなグロテスクな話も出てきます。しかし、小児性犯罪者が自らの加害行為を自分の言葉で語ることは、それを客観化し、説明責任を果たすことにもつながります。

彼らはそれまで衝動性や支配欲、飼育欲にかられて、自分よりも弱い立場である子どもに性加害を繰り返してきましたが、言語化はその対極にある行為です。語りにくいからこそ、語れる場所があることで、加害者の衝動性や子どもへの加害欲求を自己統制する力を身につけていくのです。

排除と孤立が再犯を生む

先に挙げた元シッターの事例のように、小児性犯罪者のなかには、複雑な家庭環境を背景にしている人や過酷ないじめなどの逆境体験を持つ人も少なくありません。だからといって犯した罪が免責されるわけではありませんが、過酷な成育歴を持つ彼らが治療の場でも排除され続けてしまうと、結果的にもっとも脆弱な存在の子どもたちが彼らの餌食になってしまうリスクがあるのです。

「居場所がない・大切な人がいない・希望がない」――人間はこの3つの条件が揃うと、犯罪に走ったり、自暴自棄になって加害行為に走ってしまうことがあります。社会のなかで自分が「ここにいていいんだ」と思える居場所がなく、「この人だけは裏切れない」と思う家族や友人がいなければ、孤立してしまいます。

加害行為を振り返ったとき、人生に希望が持てず、自暴自棄になって「自分が死ぬか、それとも他人を加害するか」と究極の二者択一を自問自答した末に、後者を選ぶことも珍しくありません。のちほどメーガン法についても触れますが、小児性犯罪者を監視し、社会から排除するだけでは根本的な解決にはならないのです。

個人的にはこういった治療を行う施設が増えていくことが望ましいと考える一方で、現実的には難しい課題が山積していることも理解しています。

自分の身を自分で守ることができない子どもを言葉巧みにグルーミングし、性加害に及ぶ小児性犯罪者に対しては「許しがたい」という社会の共通認識があります。その延長線上に「自分たちの生活から遠ざけて排除しよう」という意識があることも否めませんし、小さい子どもを持つ親御さんなら当然だと思います。もしも小児性犯罪者に特化した医療機関が小中学校など教育機関の近隣にできたら、周囲の住民や関係者からも反発の声が上がることは必至でしょう。

小児性犯罪者が治療を途中で挫折せず、つながりを維持しながら加害行為をやめ続けていくためにも、小児性犯罪者に特化した治療グループのあり方について、社会全体での議論がより一層深まることを願ってやみません。

小児科の看板の「小児」の2文字がトリガーに……

ここからは、民間の医療機関である当院で、どのような専門治療が行われているかを具体的に説明していきます。

小児性犯罪だけでなく、痴漢や盗撮、レイプなどを含めた性加害の再発防止に向けた治療には、以下の3つの柱があります。

①認知行動療法
②薬物療法
③性加害行為に責任を取る

初診時には「Static-99」というリスクアセスメントツールを用いて、治療対象者を低リスク、中リスク、高リスクに大別します。低リスクの人は半年、中リスクは1〜2年、高リスクは3年を目安に治療を行います。ハイリスクの人を対象にしたプログラムには、月曜日から土曜日まで週6日の「デイナイトケア」で朝9時から夜7時まで丸一日かける密

クリニックで実施しているデイナイトケアプログラム（例）

	月	火	水	木	金	土
10:30〜12:00	SAGミーティング	教育プログラム	事例検討	ディスカッション	SAGミーティング	運営ミーティング
12:00〜13:00	食事プログラム	食事プログラム	食事プログラム	食事プログラム	食事プログラム	食事プログラム
13:50〜15:00	芸術行動療法	ピアカウンセリング	芸術行動療法	ロングウォーク作業療法	SCBT（認知行動療法）	芸術行動療法
17:00〜18:00	自分史（0〜10歳）	朗読会	クッキング／映画鑑賞	映画鑑賞	アサーション（自己主張）訓練	メンバーミーティング
18:00〜19:00	食事プログラム	食事プログラム	食事プログラム	食事プログラム	食事プログラム	食事プログラム

※ハイリスク群を対象としたプログラムの一例

度の濃いものがあります。対象者のなかには、これを3年間かけてじっくり取り組んでいる者もいます。

デイナイトケアとは、外来治療の方法のひとつです。対象者は疾患に応じたさまざまなグループ精神療法に参加することにより、心理教育によってストレスへの対処方法を学び、社会復帰の促進を図るためのプログラムです。

デイナイトケアでは、決められた時間にクリニックに来て、仲間とともに過ごすことで、対象者の生活リズムを整える効果もあります。朝起きて「何もすることがない」となると夜遅くまで起き、たちまち昼夜逆転の生活になってしまう……ということは一般の方にも起こりうるでしょう。

デイナイトケアに通うことで生活リズムが整うだけでなく、そもそも朝起きて「行く場所がある」ということは、対象者に仲間、つながり、連帯感といった安心感を与えることにもつながります。生活サイクルと犯行サイクルには密接な関係があるため、これを見直す機会にもなります。また、デイナイトケアでは、食事も昼夕を皆でとるので、家族よりも長い時間を一緒に同じ空間で過ごします。

小児性愛障害者のなかには、自宅からクリニックに行くまでの道すがら、ふと子どもを目にしてしまったことが再犯のトリガーになる者もいます。とくに都内では、移動手段は電車やバスを使わざるをえないので、彼らにとって駅や電車は「トリガーの宝庫」となるのです。

子どもの姿だけでなく、電柱脇にある小児科の看板の「小児」という2文字がトリガーになる……というケースすらあります。そういった者はクリニックの送迎つきで通院するなど、トリガーを避けるための対処法は欠かせません。送迎車を使って通院することは、私たちにとっても重要な治療ツールのひとつなのです。

治療の三本柱① 認知行動療法

認知行動療法とは、端的にいうと、その人の認知、つまり物の見方や考え方に働きかけ、行動をセルフコントロールできるようにする治療技法です。そのなかでも「リラプス・プリベンション・モデル」は、当院が採用している治療モデルです。リラプス（relapse）は英語で「再発」、プリベンション（prevention）は「防止」の意味です。これは、1980年代にワシントン大学のアラン・マーラットが提唱したものです。

マーラットは、アディクト（依存症者）において断薬・断酒を継続することが困難な対象者が多いということに気づき、再発防止に焦点を当ててこのモデルを開発したといわれています。

マーラットは再発に至るプロセスを、①高リスク状態、②ラプス、③リラプスの3つの段階で捉えています。

①の高リスク状態は、問題行動に対してセルフコントロールが利かなくなる状態です。たとえば違法薬物の断薬をしていた人が昔の悪い友達と再会し、薬物を勧められる状態や、メンタルの不安や抑うつを感じるときなどです。

②のラプスは、セルフコントロールを失った最初の出来事です。一時的にやめていた違

法薬物を摂取してしまうなど、最初の行動を指します。

③のリラプスは、嗜癖行動が表面化するレベルまで達することを指し、この違法薬物のケースでいえば恒常的に使用することです。

やや専門的な説明になりましたが、よりわかりやすく言えば、リラプス・プリベンション・モデルは「リスク回避型」の治療モデルです。リスクをいかに避けて問題行動が再び起こらないようにするかというものです。そこでは、①行動が再発しやすい状況や引き金を特定し、②それに対する対処行動（コーピングスキル）を学習する、という2つの要素が主軸になります。

社会におけるプログラムでは、いざリスクの高い状況に陥ったときどう対処するかといった「コーピングスキル」を身につけることが最重要課題です。コーピングについてはのちほど詳しく述べますが、ここではストレス（ハイリスク状況）への具体的な対処法と捉えてもらってもよいでしょう。

刑務所の中でどんなに座学で学んでも、その対処法を実践する機会はほとんどありません。なかには受刑中に「自分はもう治ったんだ」と勘違いする人もいますが、それは拙速です。そこで当院での治療は、コーピングスキルにとくに重きを置いています。社会でのリラプス・プリベンションは、「コーピングに始まり、コーピングに終わる」といっても過言ではありません。

対象者に合わせたリスクマネジメントプラン

当院では、リラプス・プリベンション・モデルをもとに、以下のａ～ｆのようなオリジナルのプログラムを対象者に行っています。

ａ　性犯罪のプロセスを知る
ｂ　認知の歪みに気づく
ｃ　行動変容
ｄ　加害と被害について
ｅ　問題解決スキルの獲得
ｆ　リスクマネジメントプランの作成

ａ～ｅの認知行動療法を中心とする心理教育で学んだことを参考に、「リスクマネジメントプラン」という自分の指標や行動計画となるものを各自作成します。リスクマネジメントプランは月に一度更新し、毎月第1火曜に全員の前で発表して、参加者やスタッフからフィードバックをもらうことでさらに精密な内容にしていきます。このリスクマネジメントプランが再発防止の柱になっています。

　再発についての捉え方は、直接的な被害者のいない薬物やアルコールなどへの物質依存やギャンブルのような行為依存と、被害者のいる性加害では異なります。

　前者の場合、治療を始めてやめ続けていたものの、なんらかのきっかけで再発してしまうことも少なくありません。これを「再行動化（スリップ）」といいます。スリップは、当人やそれをサポートしていた周囲の人たちにとって非常にショッキングな出来事ですが、「再発（リラプス）は回復のプロセスである」という捉え方をします。

　再発をしたことで、これまでの自らの取り組みの何が悪かったのか問題点を洗い出して、振り返る機会にするというわけです。トライアンドエラーを繰り返しながら、螺《ら》旋《せん》状に回復していくイメージです。

　しかし、小児性犯罪を含めた性暴力の場合、「再発＝新たな被害者を生むこと」を意味します。そこではトライアンドエラーはありえません。加害者には加害行為をやめ続け、

リスクマネジメントプラン(サンプル)

(サンプル)

※2019年06月06日更新

(名前: 大森太郎) 作成日: 2019年7月18日

≪ リスクマネジメントプラン作成用紙:(3)回目 ≫ 対象行為: 小児へのわいせつ行為 /キーパーソン: 両親 斉藤先生

☆ このリスクマネジメントプラン(RMP)は、性的逸脱行動を再発させないための計画です。

☆ 治療の3本柱を取り入れ、1か月に一度更新しより洗練された計画にしていきましょう。

☆ 性依存症の克服にとって重要なことは、回復に責任を持つことと、回復に積極的になることです。

【再発のリスクがまだ生じてない段階:あなたのグッドライフ・プラン】

【なりたい自分(回復のイメージ:Lv=レベル)】

- Lv①: 問題行動を犯さない自分
- Lv②: 他者や自分の感情から逃げない自分
- Lv③: 同じ問題を持っている仲間を手助けできる自分

【なりたい自分になるための具体的方法】

- ① 子どもに関わる仕事NG、通院の継続
- ② 定期的にキーパーソンに相談する。
- ③ 自助グループに継続参加し、回復を続けていく。

引き金

【慢性トリガー(状態を悪化させる引き金)】

①人: 小学生(小1〜小3)

②場所: 通学路や公園(トイレ)

③時間: 14:30〜18:00(下校時間)

④状況: 周囲に人がいない、仲良くなる。

⑤感情(生理反応): 劣等感や孤独感、怒り

【慢性トリガーへのコーピング(対処方法)】

- 下校時間帯を回避するスケジューリング
- 外出時は誰かと一緒に行動する
- 両親にGPSで居場所をオープン
- 深く呼吸をし冷静に自分の欲求を観察する(渇望サーフィン)

思考

【再発のリスクが徐々に高まってくる段階】

【警告のサイン(危険に気付くサイン:Lv=レベル)】

- Lv①: 外見へのこだわり、浪費行動
- Lv②: 身近な人にウソをつく
- Lv③: アダルトサイトや児童ポルノの閲覧(長時間のネット利用)

【コーピング(危険な状態から脱出する方法)】

- ① セルフトークで対処する。
- ② MCCワークシートを読み返す。
- ③ 児童ポルノ関係の処分、サイトへのアクセスのセキュリティを上げる

渇望

【急性トリガー(対象行為に直結する5つの条件)】

条件①: SNSのターゲットに関する書きこみの閲覧

条件②: 毛のはえていない女性器のイメージ

条件③: 極度の睡眠不足(過労)

条件④: 暇な時間をもてあそぶ

条件⑤: わいせつ行為のためのローターを持ち歩く

【危機介入方法(あなたのクライシスプラン)】

- 平安の祈りを気持ちが落ちつくまで声を出して唱え続ける
- 警告音のアプリをならす
- キーパーソンへSOSのTELをする
- フリスクを3つ以上食べる

【今回のRMP作成におけるアピールポイント(改善点)】

① 段階的に実行可能なコーピングを選択した

② リスクに応じてどのように高まっていくのかを分かりやすく書いた。

③ キーパーソンとの関係を強化し、シェアリング(共有)を意識してコーピングの仕方を工夫した。

【行動化(再発:リラプス)】→ 再犯

再犯をしない責任（再発防止責任）があります。そのためにも、毎月リスクマネジメントプランを専用のフォーマットに記入し、犯行サイクルやトリガーを洗い出し、自分にはどんなストレスコーピングが効果的なのか可視化し、吟味しながら日々再発を防止していく責任があるのです。

治療の三本柱②　薬物療法

当院ではホルモン療法は行っていませんが、人権に配慮をした抗精神病薬による薬物療法を取り入れています。治療においては本人の同意が前提なので、こちらから薬物療法を提案することはありますが、強制することはありません。

クリニックでの薬物療法でよく使用される薬に、ＳＳＲＩ（選択的セロトニン再取り込み阻害薬）と抗精神病薬があります。ＳＳＲＩは主にうつ病の治療薬であり、抗精神病薬は幻覚や幻聴などの症状が発現する統合失調症の治療に用いられる薬です。作用機序の詳細はここでは避けますが、統合失調症では脳内ネットワークが過活動になることで幻聴や幻覚の症状が出ると考えられています。この薬は脳のドーパミンの分泌を遮断し、脳の活動を穏やかにする働きがあります。それにより、日常生活全般が鎮静化する効果が期待できるのです。

また、抗精神病薬の副作用のひとつに射精障害や勃起不全の症状があります。この副作用も再犯リスクを軽減する役割を担っています。実際に薬物療法を継続している当事者からは、「性欲が明らかに減退している」「朝勃《あさだ》ちしなくなった」「勃起しにくくなっている」「自慰行為の回数が格段に減った」「トリガーになるような対象者とすれ違うときに振り向かなくなった」というフィードバックを得ています。

抗精神病薬の副作用はそのほかにも、眠気や倦怠感、食欲の亢進《こうしん》や体重の増加、男性の性欲を減退させるプロラクチンというホルモンの上昇、さらに繰り返し唇をすぼめたり、舌を不規則に動かす、口をモグモグさせるといった、自分の意思とは無関係に繰り返される「遅発性ジスキネジア」という症状が現れることもあります。

服薬前には対象者本人に副作用の説明を行い、体調や体への負担も配慮しなくてはなりません。しかし性犯罪者のなかには、「被害者はとてつもない苦しみを経験しているのだから、自分も副作用の苦しみを引き受ける」「再犯しないためには大事なもの（男性機能）を手放さなければならない」と覚悟を決めて薬物療法を選ぶ者もいます。

薬物療法は「これさえやれば再犯をしなくなる」といったものではありません。認知行動療法を続けながら薬物療法で性的欲求や衝動をコントロールする、いわば「転ばぬ先の杖」としての位置づけです。海外では薬物療法の研究もありますが、日本国内ではいまだ保険適用外でエビデンスもほとんどないのが現状です。今後さらなる研究が望まれる分野だといえます。

治療の三本柱③　性加害行為に責任を取る

普段の生活でも、「自分の行動に責任を取る」「不祥事を起こした企業のトップが責任を取って辞職した」など、「責任」という言葉はよく使われますが、性犯罪加害者が向き合うべき「責任」にはどのようなものがあるのでしょうか。

①再発防止責任

被害者に、どのようなことを加害者に求めるか尋ねると、「刑務所から一生出ないでほしい」「死んで償ってほしい」「二度と自分のような被害者を出さないでほしい」という切実な回答が得られます。

加害者はどんなに耳が痛くても、被害者の切実な訴えに耳を傾けることが責任を取るひとつの形だと考えられます。「刑務所から一生出ないでほしい」「死んで償ってほしい」というのは現実的には難しいですが、「二度と被害者を出さない」ことは可能です。

先に述べたように、性犯罪では「再発＝新たな被害者を生むこと」を意味します。加害者は、性加害をしない日々を積み重ねることで、被害者の訴えに応えることができます。具体的には専門治療に通い続ける、薬物療法を選択する、児童ポルノを見ないようにする、子どもの姿を見ること自体が加害行為のトリガーになる人は、移動時に電車やバスに乗らない……など、リスク回避型の対処行動を積み重ねることが再発防止責任につながります。

②説明責任

性犯罪には依存症の側面があることを述べてきましたが、「正直に生きること」や「助けを求めること」は依存症からの回復において、もっとも重要なポイントです。これには2つの意味があります。

ひとつは、自分の加害行為について、仲間たちの前で正直に話すことです。この場合の仲間とは、クリニックのスタッフやグループワークで同じ治療に臨む者たちです。

先ほど、性犯罪の再犯防止プログラム（SAG）から枝分かれして、小児性犯罪者に特化した治療プログラム（ＳＰＧ）を立ち上げた経緯を述べました。小児性愛障害者は家庭や学校、職場での居場所がなく、自らの性嗜好や加害行為を隠し続けて生きてきた人が多いです。

「秘密」は、次の性加害のトリガーになります。加害者の多くは、問題行動を続けるために小児性愛障害者であることを隠し、ときに嘘をつき、さらに被害者である子どもにも「絶対にお母さんに言ってはいけないよ」など口止めをして、加害行為をひた隠しにしてきました。逮捕されて取り調べを受けたときにすべてを正直に話したかというと、そんなことはなく、捜査の対象になっている事件以外の加害行為について口をつぐむ加害者が多いことは、性犯罪全般でいえることです。

回復や生き直しにおいてもうひとつ大切なポイントは、再発のリスクが高まったときに、正直にカミングアウトすることです。

ここで、刑務所内でＲ３プログラムを受講した性犯罪者の例を挙げます。仮に彼をＪとしましょう。Ｊは出所する際、再び子どもに性加害を行いそうだと自覚したら、当院に電話してつながることを教えられていました。Ｊは出所後、実兄と同居しながらハローワークで就職活動を始めたのですが、すぐに思うような職を得ることはできませんでした。あるとき、ハローワークの帰りに立ち寄った公園で昼食をとっていると、彼がかつて性加害のターゲットにしていた小学校低学年の女児の姿を砂場で目にしました。

ほどなく女児は姿を消したものの、公園に忘れ物をしたのか、再び姿を見せました。そのときＪは直感的に「また必ずあの子はここに来る」と思ったそうです。再発のリスクが一気に高まった瞬間です。これをプログラムのなかでは「警告のサイン」と呼んでいます。すると彼は、同居している兄にすぐに電話をかけ、「このままだと再犯する。治療に行かせてほしい」と泣きながら訴えたといいます。Ｊは「周囲の人間に助けを求める」という対処法もＲ３プログラムで学んでいました。

正直にカミングアウトすることの大切さは小児性愛障害者に限らず、アルコールやギャンブル、違法薬物でも同じことです。アルコール依存症の場合、断酒を続けているにもかかわらず酒を飲んでしまい、そのことを周囲にはひた隠しにする、ギャンブル依存症の場合、家族に嘘をついて借金をしてパチンコに行く……など、嘘をつくことで問題行動を継続し、それを隠蔽するためにさらなる嘘を積み重ねるという負の連鎖に陥ってしまいます。

この連鎖を断ち切るためには、「正直になる」こと以外の選択肢はありません。逆にいえば、問題行動の克服に取り組み続けている依存症者は、その過程で正直にＳＯＳを出して、他者に頼ることが身についていきます。このようなスキルを「援助希求能力」と呼び、依存症からの回復は、援助希求能力が高まっている状態と相関関係があります。

再発リスクに直面した際に一緒にコーピング手段を講じたり、具体的なサポートをしてくれる存在を「キーパーソン（KP）」といいます。

キーパーソンになるためには以下の3つの条件があります。

・過去の問題行動について理解している人
・リスクが高まったときにちゃんと相談できる（再発時にカミングアウトできる）人
・トリガーにならない人

「トリガーにならない人」とは、たとえば過去のことを「なぜそんなことをしたのか」などと批判して責めたり、当事者の自尊感情を傷つけるようなことをしない人です。ちなみに、私も彼らのキーパーソンに選ばれることがよくあります。携帯に「いま、危なかったです」と連絡が来たり、ショートメールが送られてくることは日常茶飯事です。たとえ私がすぐに対応できなくても、「自分の携帯に斉藤先生の連絡先があるだけで安心する」と言う人もいました。

③謝罪と贖罪

加害者はよく謝罪し、反省します。しかし私の臨床経験のなかで、とくに性犯罪を繰り返す者は、反省の深さと問題行動の再発率には相関がありません。すごく深く反省しているように見えたり、涙を流しながら自分の罪を悔いていても、その数日後、数か月後に再犯する者はけっして少なくありません。

これは小児性犯罪のみならず性犯罪全般についていえることですが、加害者に「あなたはとんでもないことをしたんだから、謝罪しなさい、反省しなさい」といくら責任を追及したり説得しても効果はありません。むしろ無謀な責任追及的な関わりは再犯率を高めるというエビデンスすらあり、彼らは形式上の反省をするだけです。残念ながら、実際の裁判でもそうした光景が慣例になっています。

通常、裁判の段階では加害者はまだこの「性加害行為の責任を取る」段階にはたどり着いていません。そのため反省や謝罪を求められても、求められていることに対して脊髄反射的に反応する、もしくはパフォーマンスでやっている人がいるのが実態です。謝罪を求められるほど、その場をいかにうまくすり抜けるか、ということにしか考えが及ばないのです。そういう意味では、性犯罪の刑事裁判が謝罪のセレモニーのように映ることもあり、逆にそれが被害者の感情を逆なでします。

さまざまな角度から被害者のことを考えるように促すのが、加害者臨床に携わる私たちの役目でもあります。私たちはことあるごとに「あなたのその行動や発言を被害者が聞いたらどう感じるでしょうか？」と対象者に問いかけますが、彼らは初めは的を射ないといった表情を浮かべます。「加害者は早期に加害記憶を忘却する」といった加害者臨床の金言もありますが、彼らの頭の中では自分の加害行為だけでなく、被害者そのものが「なかったこと」にされてしまうのです。

第3章でも述べたように、子どもへの性暴力が被害者に与える影響は生涯にわたります。ＰＴＳＤや解離症状に苦しむこと、周囲からの二次加害によって深く傷つくこと、日常生活が脅かされること……裁判の段階で加害者は、そのような被害者の実態にはまるで想像が及んでいないのです。

「責任を取る」という言葉はあらゆる場面で聞かれますが、自分が犯した加害行為を認識し、被害者の人生に与えた影響を考え続け、贖罪《しょくざい》する歩みを止めないことが、真の意味での性加害行為に責任を取ることなのです。そしてゆくゆくは、被害者の二次被害にどのように責任を取っていくかという視点が、加害者臨床のなかで扱う「責任」の重要なところだと認識しています。

新たな回復の枠組み「グッドライフモデル」

子どもへの性加害を二度と起こさないために、クリニックで「リスクマネジメントプラン」を１か月に一度更新することが決められていることは先に述べたとおりです。ここであらためてＰ２０６のリスクマネジメントプランの例に戻りますが、最初の項目に「グッドライフ・プラン」という言葉を確認できるかと思います。

グッドライフモデルとは、２０００年代初頭にニュージーランドの心理学者トニー・ウォードらによって提唱された犯罪者処遇・更生に関する理論的枠組みです。その人自身がどうやって幸せになっていくか、将来どんな自分になりたいか、性犯罪加害者ならば性暴力という方法を使わずに、どんな自分になりたいのかという具体像をイメージして、それを実現していくためのプログラムです。

先に述べたリラプス・プリベンション・モデルは、再発を防止するためのプログラムです。そこでは再犯をしない＝新たな被害者を生まないことが目標になっていますが、グッドライフモデルではグッドライフ（いい人生）というポジティブな目標を立てることで、加害者本人が立ち直るための動機づけが強まることが期待されます。

グッドライフモデルは、加害者が立ち直り、二度と再犯をしないためのいわばフィロソフィー（哲学）です。ここでは、人間は生まれながらに誰しもがなんらかの幸せ（グッド）を追い求めて生きていると考えます。たとえば心穏やかに過ごしたい、仕事で成功したい、人と親しくありたい、といったことはよほどの変わり者でない限り、誰しもが追い求めることです。

グッドライフモデルでは、「犯罪を犯した人は、いいもの（グッド）を不適切な手段で得ようとした結果だ」と考えます。たとえば、アルコール依存症の人なら「こころの平穏」という普遍的なグッドを求める手段が、多量のアルコール摂取という不適切な方法だった……と考えるわけです。

子どもへの性暴力の場合、加害者は自らの優位性のもとに性暴力という不適切な手段によって、支配欲を満たして一時的なこころの安定と満足を得ていたと考えられます。抵抗できない弱い存在を踏みにじることで、自分の優位性を確認する構造そのものは、性暴力だけでなく、いじめや子どもへの虐待にも通じるものです。逆に犯罪に至っていない人は、適切な手段で人間関係を築いたり、仕事をしたりして生活のなかで欲求充足をしているというわけです。

加害者にも幸せになる権利がある

グッドライフモデルでは、罪を犯してしまった人は、この先の人生において適切な手段でグッドを得られるように治療教育のなかで学習し直していこう、と考えます。

さらにそこでは、罪を犯した人もそうでない人も、皆等しく合法的に幸せになる権利がある、という考えも前提になっています。「加害者にも幸せになる権利はある」というと、「性犯罪者が幸せを追い求めるなんてとんでもない！」「なんで加害者に幸せになる権利があるんだ！」という批判の声もしばしば聞かれます。被害者の生涯にわたるこころの傷や影響を鑑みると、もっともなことです。

しかし、すべての性犯罪者を生涯、刑務所に収監するのは現実的ではありません。加害者臨床の現場では、リラプス・プリベンション・モデルを「実務」、グッドライフモデルを「哲学」として、この2つが補完し合いながら治療を進めていく流れに移行しつつあります。

グッドライフモデルでは、人類誰もが求めている普遍的なグッドが想定されています。

以下がその普遍的なグッドです[*2]。

①暮らし：生活することと生き延びること
②知識：学ぶことと知ること
③仕事と遊びに熟達すること
④自己選択と自立
⑤こころの平穏
⑥人間関係と友情
⑦コミュニティ：集団に所属すること
⑧精神性：人生に意味を見出すこと
⑨幸せ
⑩創造性

目標達成の手段
・家事をしっかりする　・健康に気を配る　・定期的な運動 ・犯罪行為を行わない　・生活に必要なお金を稼ぐ
・治療の実体験から学ぶ　・専門書を読んで研究 ・社会福祉の通信教育を受ける　・スキルトレーニングの継続
・ワークライフバランスを保つ　・向上心をもって働く ・職場の付き合いを大切にする　・音楽をたくさん聴く ・ライブに行く　・熱帯魚と犬を飼う　・楽器演奏 or 歌 or ダンスを習う
・自分の選択と行動に責任を持つ　・足るを知る ・目標達成の度合いを評価し、目標の更新を行う
・自分自身の中核となる信念と独自の世界観を深めていく ・柔軟なものの見方、考え方をする　・自分の感情を愛する
・他者に敬意を払い、尊重する　・スポーツチームへの加入 ・生身の人間関係を大切に　・バウンダリーに注意を払う ・共感的になる　・信頼する人に過去を打ち明ける
・TCへの参加　・仲間との横のつながり（ネットワーク）を築いていく ・教会活動への奉仕　・ボランティア活動への参加
・毎日の礼拝と日曜日の主日礼拝への出席　・伝道する ・聖書を読む　・神様に委ね、お導きを信じる
・親密な関係を保つ努力を絶やさない ・親密で愛情に満ちたセックスをする ・「5つの感情」のワーク継続 ・おいしいものを食べ、楽しいことをして、ぐっすり眠る
・10年計画を立てて着実に実行する　・先進的なTCを作る ・ひとつひとつの体験を大切にする　・SNSを使う

私のグッドライフ・プラン(なりたい自分と目標達成の手段)

一般的な人生目標	なりたい自分
①暮らし:生活することと生き延びること	・丁寧な生活を楽しめる ・社会の中で生活を続ける
②知識:学ぶことと知ること	・性犯罪治療の専門知識を持つ ・他者との交流から感化を受ける
③仕事と遊びに熟達すること	・仕事から適度な充実感を得る(しかし仕事にのめりこみすぎない) ・趣味から生きがいと充足感を得られる
④自己選択と自立	・身の丈に合った生活で満足する ・短期的利益より長期ビジョンを優先する
⑤こころの平穏	・自己承認できる ・新たな体験や、環境の変化を恐れない(受け入れる)
⑥人間関係と友情	・対等で協働的な関係を維持する ・他者に依存したり、支配したりしない
⑦コミュニティ:集団に属すること	・TC(治療共同体)の仲間を支えていける ・地域社会に受け入れられ、貢献できる
⑧精神性:人生に意味を見出すこと	・信仰に基づいた生き方をする ・困難や苦難に意味を見出す
⑨幸せ	・特定のパートナーをきちんと愛する ・小さなこと、普通のことに感謝できる
⑩創造性	・TCの運営に携わる ・機会を見つけて社会発信していく

コーピングスキルを身につける

子どもに性加害をするためにこの世に生まれてきた人はいません。グッドライフモデルでは、彼らは性暴力という不適切な手段で、人間が普遍的に追い求める「グッド」を手に入れようとしてきたと考えられていることを述べてきました。

性暴力という不適切な手段を脱するためには、その代わりとなる「適切な手段」を身につけることが重要です。そこで再犯防止プログラムでは、コーピングの仕方を身につけます。コーピングとは「対処行動」という意味で、ストレスを感じたときに自暴自棄になって最悪の状態に自分自身を追い込まないため、自分よりも弱い存在を踏みにじらないためにも、具体的な方法をたくさん身につけておくのです。

コーピングは、性犯罪の再発防止の文脈だけで語られることではありません。日常の生活でも、私たちは仕事でストレスがたまると、サウナで汗を流す、マッサージに行く、カラオケをする、おいしいものを食べる……などなんらかのコーピングスキルを駆使しています。そうすることで、「さっきはイライラしてうんざりしたけれど、まぁなんとか明日も仕事に行くか」と折り合いをつけて、日々の暮らしを営んでいる人も多いはずです。これらは健全なコーピングです。

しかし、ストレスを感じた際にアルコールを多量に飲む、節度を超えたギャンブルをする、違法薬物に手を染める……といった不適切なコーピング手段が習慣化すると、人はやがて依存症といわれる状態に陥ってしまいます。不適切なコーピングをした際、脳内から快楽や多幸感をもたらす伝達物質ドーパミンが分泌され、一時的にはストレスを忘れたように感じられるのですが（苦痛の緩和＝負の強化）、やがて同じ量の刺激では物足りなくなり（耐性）、さらに強い刺激を求めるようになります。

　これを繰り返していくと、人はやがて依存症になってしまうのです。子どもへの性暴力などの性加害行為を繰り返すのも、行為依存と類似した側面があることは先に述べたとおりです。

　子どもの姿を目にすることが再犯のトリガーになる小児性犯罪者の場合、目をそらして（閉じて）保冷剤をギュッと握るのも、立派なコーピングのひとつです。衝動的な欲求から気をそらすには、五感への刺激がとても有効です。

　そのほかにもたとえば、激辛ソースを普段から持ち歩いてなめる（欲求を抑える）、普段から鈴を身につける（音が鳴って見つかりやすい）、匂い（苦手な匂い）を嗅ぐといったコーピングがあります。また、ひとつしかないとトリガーやリスクへの選択肢が少ないため、複数持っていることも大切です。

コーピングは、人によって効果の出方も異なります。また、ひとつのコーピングが永遠に有効なわけでもなく、慣れてくると効かなくなってくることもあります。これを「コーピングの耐性」と呼んでいます。

Ｐ２０６のリスクマネジメントプランの例でも、深呼吸して自分の欲求を観察する（渇望サーフィン）、ＧＰＳを活用する、セルフトーク（こころの中での自分自身への声がけ）で対処する、ポルノサイトへのアクセスのセキュリティレベルを上げる……などいくつかのコーピングが記されています。自分にとって効果が実感できたコーピングを繰り返すことで、新たな条件反射の回路をつくるのです。一見、地味な作業も多いですが、これらのコーピングを根気強く積み重ねていくことが、再犯を防ぐための大いなる一歩であることは間違いありません。

アメリカの情報公開法「メーガン法」の功罪

幼い子どもが犠牲となる性犯罪では、「加害者は一生刑務所から出すな」といった厳しい論調が噴出します。被害者感情に鑑みるともっともなことですが、システムとしては多額の行政コスト（税金）がかかり、現実的ではありません。

では、罪を犯した者をどう社会が処遇すればよいのか。結論からいえば、性犯罪者の処遇方法には絶対的で唯一の解が存在していない——これが世界の現状です。

たとえば、よく知られているのがアメリカのメーガン法です。性犯罪を巡る取り組みとして、再犯の危険性がある性犯罪者の名前や住所、犯罪歴などの個人情報を住民に公開することを定めた法律です。

メーガン法は、１９９４年７月にニュージャージー州で起こった当時７歳のメーガン・カンカさんが強姦され、殺害されたという痛ましい事件をきっかけに生まれました。加害者は、メーガンさんが住む家の向かいに住む男で、過去にも複数回の性犯罪歴がありました。しかし、被害者の家族はその事実は知りませんでした。

事件後、メーガンさんの母親が中心となり署名運動を行い、ニュージャージー州でメーガン法が制定されました。さらに２年後にはクリントン政権下で連邦法としても成立。いまも性犯罪前科者の個人情報は、検索したい地名を入力すればアメリカ国内からだけでなく、遠く離れた日本からでも容易にアクセスすることができます。

たしかにこの法律によって、自分の子どもに性暴力を及ぼす可能性のある「危険因子」

の存在を知ることはできます。事前に前科者の存在を知ったうえで、各家庭で予防措置を取れるという点では評価されるでしょう。

　しかし一方で、出所した元性加害者が職を得る機会が奪われたり、ときに暴力的な手段で住む場所を襲われるといった弊害が生まれているのも否定できない事実です。さらには加害者の家族や友人の家が放火されるなどのヘイトクライムも深刻です。そして再犯率が大きく下がったかといえば、さほど大きな改善は見られていません。

　さらにアメリカでは２００５年、フロリダ州など３州で、メーガン法と同様に被害者の名を冠した「ジェシカ法」が成立しました。この法律は、当時９歳の少女ジェシカ・ランスフォードさんが性犯罪など多数の逮捕歴を持つ加害者に暴行・殺害された事件の後に制定されたものです。

　ジェシカ法は、悪質な性犯罪者には最低刑を25年とするなどの厳罰化や、仮出所後、受刑者にＧＰＳ（全地球測位システム）の端末を一定期間、足首に装着することを義務づけています。元受刑者の足首にＧＰＳ端末を着けさせて位置情報を把握する施策は、アメリカだけでなく韓国（電子足輪法）やイギリス（ＭＡＰＰＡ）でも採用されています。

「居場所」「大切な人」「希望」が再犯を遠ざける

性犯罪者への厳罰化や監視は、性加害者を迫害し、社会から排除することにもつながります。その結果、かえって再犯へのリスクを高める可能性は否定できません。

人が過ちを繰り返さず、そこに踏みとどまらせる手がかりは3つあります。

ひとつめは、社会のなかに自分の居場所があること。「自分はここにいていいんだ、ありのままに生きていていいんだ」と思える場所です。

2つめは、裏切ってはいけない大切な人がいること。人とのつながりがないと、人は追い込まれたとき自暴自棄になってしまいますが、大切な人がいることで歯止めとなるわけです。

最後は希望があること。これらは小児性犯罪者に限ったことではなく、人が同じ過ちを繰り返さないために大切なことです。逆に「居場所、大切な人、希望」の3つが失われ、人が孤立化したときに再犯リスクが高まるわけです。

クリニックでも、再犯を防止するために環境調整をして孤立させないことが大切だと考えています。小児性犯罪者に特化した再発防止プログラムを立ち上げたのもそのためです。

グッドライフモデルでは、「人は誰しも幸せを追い求める権利がある」と考えることは先に述べました。その幸せを追い求める手段が、性犯罪を犯した人は適切ではなかった。しかし、彼らも治療教育を通じて、仲間とのつながりや信頼できるスタッフとの人間関係を築き、さらには人生のパートナーを得ることで適切なコーピングスキルを構築できる。そう私たちは考えています。

コップの中の濁った水をそのままにしておくと、何も見えなくなって、やがて泥水のようになってしまいます。これは人についても同じことがいえるでしょう。仲間たちと自分の体験を言語化し、分かち合うことで、定期的にコップの水を入れ換える作業をするのが治療の場所です。彼らにも社会で生きていくうえで、このような居場所が世界にひとつは必要なのだと思います。もちろんこれも一筋縄でいかない。それも加害者臨床に携わっている者として実感することです。

メーガン法やジェシカ法についての検証や研究は出尽くしたとは言いがたい状態ですが、やはり性加害者を社会から排除するだけでは問題解決からは逆に遠のきます。社会のなかで適切に治療につなげ、リラプス・マネジメントができるように継続的に教育的治療を通して関わり続ける取り組みは、とても地道で年単位の時間がかかるものですが、子どもに性加害をした者が「再犯しない自分」へと変容するための絶対的な近道は、いまのところ存在しないのです。

議論が続く「日本版ＤＢＳ」

性加害者が再犯をしないための治療教育は重要です。社会から排除し、就労機会や住まい、居場所を奪うことは再犯率を高めることにもつながりかねません。

しかし、だからといって加害者の権利が子どもの身の安全より優先されることは、あってはならないことです。子どもの人権はどんなことよりも優先されるべきものです。

加害者のプライバシーや人権と、子どもの安全をどのように守るかについて、まさにいま議論されているのが「日本版ＤＢＳ」です。

これは、イギリスのＤＢＳ（Disclosure and Barring Service）と呼ばれる、政府系機関が犯罪歴をデータベース上で管理し、さまざまな職業に就く際に必要な書類を発行する仕組みを参考にしているものです。２０２０年にベビーシッターのマッチングアプリを利用したシッターの男性ふたりによる性加害を契機に、日本版ＤＢＳの導入を求める声が高まっています。

子どもの身の安全は、とくに学校や保育園、その他の教育の場では絶対に守られなくてはなりません。しかし、過去に性犯罪を犯した者がその犯罪歴を隠し、子どもに関わる職に就く例が後を絶ちません。

2021年には、児童へのわいせつ行為で懲戒免職となった男性がその事実を隠して子ども向けの福祉サービス会社に再就職していたケースが報じられています。また、過去に女子児童の身体を触るなどの行為で停職処分になった小学校教諭が別の区の小学校に異動し、女子児童が着替える様子を盗撮したとみられる画像や動画をスマホに保存、所持したとして逮捕された事件もあります[*3]。

もちろん国としても無策なわけではなく、2022年4月には「わいせつ教員対策新法」が施行され、懲戒免職になり教員免許を失った場合、再び免許を与えてよいかどうかを各自治体の教育委員会が判断し、場合によっては免許の再交付を拒否できるようになりました。それまでは、たとえ教員免許を失効したとしても、3年が経過すれば再び取得することができたため、性犯罪を起こした元教員が処分歴を隠してほかの自治体で採用され、先に挙げたような事例が繰り返されていたわけです。

しかし、この「わいせつ教員対策新法」ではあくまで「懲戒免職」になった教員のみが対象です。免職にならない限り、再び教壇に立てることには疑問視せざるをえません。いまの日本では、学校や学習塾などの事業者が、採用時に応募者に性犯罪歴があるかどうかを知る方法はありません。そのためにも日本版ＤＢＳの導入は強く求められてきました。

　一方で、ＤＢＳについては憲法が定める「職業選択の自由」や「プライバシー権」とも関わるため、規制の対象などについて、どのような制度設計にするかが論点とされてきました。イギリスでは「犯罪歴」を示すのに対して、現在検討されている日本版ＤＢＳでは「無犯罪証明書（犯罪を犯していないことの証明書）」の提出を義務とすることで、就職希望者の個人情報・人権も最大限守ることが可能だといわれています。

何よりも子どもを守ることが最優先

現在、この日本版ＤＢＳの対象となる事業や職種の範囲について、学校や保育所、幼稚園に加えて学習塾やスポーツクラブなどについても対象に加えるかどうか、議論が進められています。

　具体的な案として、認定制度を設けて希望する事業者に「認証」を与え、対象に加えるといった意見が出ているようです。折しも２０２３年８月には、大手中学受験塾・四谷大塚で講師の男が女児を盗撮し、その画像や個人情報を同じ性嗜好の人が集うＳＮＳに投稿するなどで、逮捕される事件も起こりました。

しかし、塾やスポーツクラブの事業者が「任意」となった場合、ＤＢＳの認証を受けていない塾しか通うところがない……といった地域では、子どもを守ることができません。

小児性犯罪者は子どもへの執着が強く、一度逮捕されたとしても、また子どもと関わりたいという欲求や衝動を制御することが困難なケースもあります。さらに、子どもと関わるために法律や制度の抜け穴を巧妙に探す、ある意味「天才的な感覚」や嗅覚を持っています。規制の対象をどれだけ広げても、抜け穴を見つけようとするわけです。それが加害者の犯行パターンの実態で、規制の範囲が狭くなれば、規制のないほうに流れていくことは容易に想像がつくでしょう。

一方で、性犯罪者における認知行動療法の視点で日本版ＤＢＳを見てみると、治療的には至極まっとうな制度であると、あるプログラムの参加者、つまり加害当事者が語っていました。たしかに、性犯罪の再犯防止プログラムでは、自身のハイリスク状況を特定し、それぞれが持っている引き金に対していかに回避行動がとれるか、また日々の生活のなかでストレスに対して適切に対処できるかが重要です。

まさに日本版ＤＢＳは、入口段階で加害者側のハイリスク状況をシャットアウトしてくれて、そこに近づけないようにする制度です。いってみれば、これはまわりまわって加害者側をも守る制度であるという見方もできることを、私は加害当事者から教えてもらいました。この意見は当事者からの発言だったという点と、プログラムを受講している多くの当事者から賛同の声が得られたという点で説得力があります。

私は法律の素人ですが、子どもは社会と大人が守るべき絶対的な存在で、それは全国民の共通認識のはずです。「子どもを守ること」と「加害者の人権」を天秤にかけたとき、優先すべきは子どもであることは明確です。加害者側も、子どもと関わる職業に就くことを制限されるだけで、職業選択の自由は保障されています。子どもを持つ親の誰もが「なぜ？」と思ってしまうような制度設計では、子どもの人権は守れません。今後も日本版DBSがどのように展開されるのか注視していきたいと思います。

＊1 法務省「令和4年版 犯罪白書」第5編 再犯・再非行
https://www.moj.go.jp/content/001387346.pdf

＊2 パメラ・M・イエイツ、デビッド・S・プレスコット『グッドライフ・モデル 性犯罪からの立ち直りとより良い人生のためのワークブック』藤岡淳子監訳、誠信書房、2013年

＊3「わいせつ教師を再び教壇に戻さない！恋愛、盗撮、レイプ『赦されない罪』を犯した悪質な手口」週刊女性PRIME、２０２２年3月10日
https://www.jprime.jp/articles/-/23430

第6章 子ども性加害経験者と語る

——加藤孝さんに聞く、「やめ続ける責任」とは

加藤　孝（かとうたかし）

過去に痴漢行為やわいせつ行為など、13人の子どもに性加害の経験がある。2000年代初め、38歳のときに自首し、保護観察付き執行猶予の判決を受ける。以後、20年以上にわたって再犯していない。

トイレで加害後「いつか子どもを殺してしまう」と自首

斎藤　たかしさんとは、知り合って10年以上になりますね。

加藤　そうですね。僕は長年、性的強迫症、いわゆるセックス依存症の自助グループに参加しているのですが、クリニックで斎藤さんが小児性愛障害者に特化した治療プログラムであるＳＡＧ（Ｐ１９２）を立ち上げたとき、自助グループのメンバーとして僕も自らの体験談を話す機会がありました。そこからのご縁ですね。

斎藤　依存症からの回復においては、長く問題行動をやめ続けている「先行く仲間」の存在が大きく、ロールモデルのような大切な役割を担っています。たかしさんはいま60代ですが、子どもへの性加害経験者であるたかしさんが問題行動をやめ続けて、どれくらい経っていますか？

加藤　僕が最後に子どもへの性加害をしたのが、２０００年代初めのこと。38歳のときです。商店街でひとりで遊んでいる小学生男児に「手伝ってほしいことがある」と騙して声をかけ、公衆トイレに連れ込み、ガムテープで口を塞ぎ、ズボンを下ろそうとしました。するとその男の子は「やめて」と声を出したんです。

斉藤　必死に抵抗したんですね。

加藤　そうです。結局、そのときはそれ以上のことはできずに、男の子を解放しました。その後、トイレにひとり残され、ふと我に返ったとき、自分のことが怖くなったんです。「このままでは、いつか自分は子どもを殺してしまう」と。

そこで交番に自首しました。詳しくは後で話しますが、そのときすでにアルコール依存症の治療を始めていたので、自分の問題行動も認識していました。しかし、それでも加害行為に及んでしまった。「どうしていいかわからない」と混乱し、警察に助けを求めた部分もあるのだと思います。強制わいせつ未遂で起訴され、懲役2年、保護観察付き執行猶予４年の有罪判決を受けました。釈放後、治療してくれる医療機関などを探すことになるのですが、それも後ほど詳しくお話しします。

その事件を起こしてから20年以上、現在に至るまで子どもへの性加害をせずに済んでいます。いまは自助グループに週1回参加したり、精神科に定期的に通院すること、カウンセリングなどを利用することで加害行為をやめ続ける日々を送っています。

斉藤　子どもへの性加害経験のある人が自助グループで自らの経験を語るケースは珍しいです。そこには子ども時代に性被害を経験している参加者もいるでしょうし、やはり被害者感情を考えると話しづらく、二次加害になってしまうおそれもある。また、メディアにも実名で顔出ししている子ども性加害経験者は、私はたかしさん以外に知りません。

あらためてたかしさんの半生……具体的にはどのような経緯で子どもへの性加害を繰り返した末、治療プログラムへとつながり、回復の道のりを歩んできたのかを聞かせてください。

加藤　はい、よろしくお願いします。

家庭教師先の男子生徒に「マスターベーションを教えてあげる」

斉藤　そもそもたかしさんは、顔見知りではない被害者を選ぶパターンが多かったのでしょうか。それともすでに面識のある子どもをグルーミングして、性加害に及んでいたのですか？

加藤　両方ですね。僕は過去に女児３人、男児10人、計13人の子どもたちに性加害を行いましたが、被害者には顔見知りの子どもも含まれていました。

　自分の加害体験のなかのグルーミングに当てはまる例でいえば、20代の頃、家庭教師先の男子中学生に「マスターベーションを教えてあげる」と言って性器を触って射精させたことです。それまでも定期的にその生徒には家庭教師として指導をしていたのですが、その日は彼が半ズボンをはいていたんです。それを目にしてスイッチが入り犯行を決意したのだと、いまとなっては思います。

斉藤　その生徒への加害行為はその後も続くのですか？

加藤　いえ、それきりです。その後もその生徒の家庭教師は続けました。

斉藤　たかしさんのセクシュアリティは、身体的な性は男性で、性自認も男性ですよね。加害をしていた当時の恋愛や性愛の対象、つまり性的指向はどのようなものだったのでしょうか？

加藤　性的指向という概念を知るのは１９９０年代、30代になってからのことなんです。小学校や中学・高校では淡い片思いをしてラブレターを出したりしましたが、相手はすべて同級生の女子でした。

大学時代には、同じアルバイト先の年下の男子学生に惹かれていた時期もありました。そのときは告白もできずそのまま終わってしまいましたが、自分の性的指向を強く意識した出来事でもあります。つまり恋愛や性的な対象が男性、女性どちらでもあるので、いまはバイセクシュアルと自認しています。

児童ポルノで深みにはまる

斉藤　たかしさんの最初の性加害はいつ頃ですか？
加藤　最初の加害行為は僕が中学生の頃でした。被害者は当時、ようやく幼稚園に上がるぐらいで、パンツをはいたまま排尿を強要しました。寝ている被害者の服を脱がせたり、自分の性器を押し当てて排尿をするなど、加害行為を繰り返していました。
斉藤　幼い子どもへの性加害に興奮を覚えるという自身の性的嗜好は、徐々に意識するようになったんですか？
加藤　そうですね。その頃から小さい子どもに関心があることを徐々に意識するようになりました。当時はまだ児童ポルノ禁止法がなく、思春期の女児や男児のヌード写真集が一般の書店に山積みされていました。僕もそういった本を買っては、たびたびマスターベーションにふけっていました。高校時代には親戚の小学生男児と一緒に遊びながら、どさくさに紛れて性器を触るなどの加害行為に及びました。

ただ、性加害の対象が幼い子どもだけかというとそうではなく、同世代の女子高校生に電車内で痴漢したこともあります。

斉藤　その頃は、必ずしも性加害のターゲットは年下の子どもだけじゃなかったわけですね。

加藤　小児性犯罪の深みにはまってしまうきっかけは、大学時代、近くの書店の成人雑誌コーナーでたまたま手にしたポルノ雑誌でした。そのなかに男児を性虐待するポルノ漫画があったのですが、それを見たとき「これこそが自分の求めていたものだ！」と衝撃を受けたんです。自分の「アイデンティティ」を発見した感じでした。

斉藤　まさに「パンドラの箱」が開いた瞬間ですね。

加藤　その後もどんどん男児の児童ポルノを渇望するようになり、男性同性愛者向けの雑誌にたどり着きました。巻頭にはいわゆるマッチョで筋骨隆々の男性のグラビアが出てくるのですが、そういったページにはまったく惹かれず、巻末にある「少年愛」と呼ばれるジャンルの児童ポルノの広告を見て、そこから次々と児童ポルノを入手し、強迫的なマスターベーションにふけるようになったんです。

話は前後しますが、僕は高校時代から不登校気味で、大学も国立大学に進学しましたが、8年で中退しています。その後は親戚の会社で働いたものの、長続きはせずアルバイトと親からの援助で食いつなぐという生活をしていました。何かとうまくいかない人生を責め、日常的に児童ポルノの強迫的マスターベーションにふけり、とくに追い詰められると自暴自棄になって加害行為に至ることもありました。親戚の会社での仕事がうまくいかなかったときは、タイに児童買春に行ったこともありました。

「ペドフィリアも権利」と主張した認知の歪み

加藤　20代、30代の頃には自分を同性愛者だと思っていたので、男性同性愛者が肉体関係を目的に集う、いわゆる〝ハッテン場〟にも出入りしていました。

1990年代は、日本でもゲイリブ運動が盛り上がった時期です。同性愛者の団体「動くゲイとレズビアンの会」（現・アカー）が、東京都の宿泊施設で同性愛を理由に宿泊を拒否されたことに端を発し、施設を管理する都に対して損害賠償請求訴訟を起こした「府中青年の家事件」もこの頃です。

斉藤　いまのＬＧＢＴＱ運動の原点ともいわれる事件ですね。

加藤　そうですね。この裁判ではアカーが勝訴し、同性愛者の権利は認められるべきという気運も高まっていったのだと思います。このような世間の潮流を背景に、僕個人もゲイリブ運動に傾倒していくんです。

ただ、そこで過ちを犯してしまいます。「同性愛は認められるべき権利！」と声高に叫びながら、「だから男児への小児性愛も認められるべきだ！」と主張していったんです。かつて同性愛は病気と思われていたが、いまはひとつの生き方として認められている、だから小児性愛障害も同じように権利を認められるべきだ、というわけです。

斉藤　ゲイやレズビアンといった「性的指向」と子どもへの「性的嗜好」は別物ですよね。

加藤　もちろんいまは、その考えは大きな間違いだと気づいています。自らの加害行為を正当化するために男性同性愛と子どもへの性暴力を混同していたわけです。僕の影響力は微々たるものとはいえ、当時のゲイコミュニティには大変申し訳ないことをしてしまったと思います。

斉藤　それから30年経ったいまも、同じような主張はインターネットでもたびたび目にします。これは非常に巧妙な認知の歪みです。

加藤　時代は前進したかと思っていましたが、いまも90年代と変わらない部分があるのですね。

アルコール依存症で入院し自助グループへ

加藤　30代の頃には、ボランティアの仕事で障害のある男子高校生の性器を触ったり、通りがかった小学生男児に痴漢行為をはたらきました。

斉藤　加害行為を繰り返していったんですね。

加藤　はい。ただ僕の嗜癖行為はそれだけではありませんでした。先ほど僕が自首するきっかけとなった事件について話しましたが、その1年前にアルコール依存症と診断されているんです。当時、ものすごい抑うつ状態に陥り、精神科を受診しました。担当医には自分の小児性愛障害については相談したのですが、子どもへの性加害については話さなかったので、アルコール依存症の治療をするために精神科病棟に入院することになりました。

斉藤　たかしさんの場合、アルコールが子どもへの性加害のトリガーになっていた側面もあったのですか？

加藤　その頃は男児の児童ポルノのビデオを観ながら、当時は違法ではなかったRUSH《ラッシュ》という性的快感を刺激する薬物を嗅ぎ、ビールを飲む……というパターンが多かったので、アルコールがトリガーというよりも、児童ポルノと薬物、アルコールが「三位一体」になっていたというのが正しいかもしれません。

斉藤　そうだったんですね。

加藤　アルコール依存症で入院したことは、いま振り返るととても意味のあることでした。入院先では、依存症はアルコールだけではなく、薬物やギャンブル、さらには性といったさまざまな依存症がある、といった知識を得ました。そこからアルコール依存症の自助グループにつながっていくようになったんです。

自助グループでは、「3年間お酒をやめています」という先行く仲間たちの話を聞く機会があり、当時の僕としてみたら「え、そんなことありえるの!?」と驚きの連続でした。退院後にもグループにつながり、「12のステップ」を学んで回復を続ける仲間たちを前に、「アルコール依存症は適切な方法をとれば回復できる病気だ」という考えが自分の中に根づいていきました。

ただ、子どもへの性加害の問題は誰にも言えず、手つかずのままでした。

AA12のステップ

1. 私たちはアルコールに対し無力であり、思い通りに生きていけなくなっていたことを認めた。

2. 自分を超えた大きな力が、私たちを健康な心に戻してくれると信じるようになった。

3. 私たちの意志と生きかたを、**自分なりに理解した**神の配慮にゆだねる決心をした。

4. 恐れずに、徹底して、自分自身の棚卸しを行い、それを表に作った。

5. 神に対し、自分に対し、そしてもう一人の人に対して、自分の過ちの本質をありのままに認めた。

6. こうした性格上の欠点全部を、神に取り除いてもらう準備がすべて整った。

7. 私たちの短所を取り除いてくださいと、謙虚に神に求めた。

8. 私たちが傷つけたすべての人の表を作り、その人たち全員に進んで埋め合わせをしようとする気持ちになった。

9. その人たちやほかの人を傷つけない限り、機会あるたびに、その人たちに直接埋め合わせをした。

10. 自分自身の棚卸しを続け、間違ったときは直ちにそれを認めた。

11. 祈りと黙想を通して、**自分なりに理解した**神との意識的な触れ合いを深め、神の意志を知ることと、それを実践する力だけを求めた。

12. これらのステップを経た結果、私たちは霊的に目覚め、このメッセージをアルコホーリクに伝え、そして私たちのすべてのことにこの原理を実行しようと努力した。

出典：「AA12のステップ」AA日本ゼネラルサービス
https://aajapan.org/12steps/

斉藤　12のステップとは、アルコホーリクス・アノニマス（AA）が1939年の著書において、アルコール依存症からの回復手法として確立された、いわば哲学ともいえるものです。現在ではさまざまな自助グループがこの手法を回復モデルに取り入れています。

　アルコール、薬物、ギャンブル依存症など、強迫的で衝動的な問題行動に対して自分は無力であることを認め、人知を超えた大きな力にお任せする。そこから初めて回復の道筋が始まる、というセルフヘルプモデルですね。

「行為依存」としての子ども性加害

斉藤　性加害を繰り返すなかでうつ病を発症し、そこでアルコール依存症の問題に向き合い始めた時期に、たかしさんの転機となる最後の事件を起こして自首をした。

加藤　勾留中、担当の弁護士さんが僕にとある資料を手渡してくれたんです。それが、藤岡淳子先生の論文が掲載された『アディクションと家族』という嗜癖問題の学会誌でした。

斉藤　藤岡先生は、法務省在職中に刑務所や少年院での勤務経験もある臨床心理士です。性加害に関する著書も多くあり、この問題のパイオニア的存在です。

加藤　そこで藤岡先生が提言していたのは、性犯罪の加害者が回復するには、アルコール依存症などのアディクション（嗜癖行動）の回復モデルが一助となる、という趣旨です。もちろんそれはあくまで再犯を繰り返さないための手法で、「病気だから」と原因を追究したり、子どもに性加害をした罪を免責するものではありません。

斉藤　弁護士が差し入れた資料がきっかけで、これまで繰り返してきた子どもへの性加害を嗜癖モデルとして捉える新しい視点を得たわけですね。

加藤　はい。これは自分にとって画期的なことでした。僕自身、すでにアルコール依存症の治療を始めていたこともあり、依存症の概要や自助グループについて知識があったので、まさに点と点が結びついたともいえる出来事でした。この出会いは「12のステップ」に則れば、ハイヤーパワー（見えない大いなる力）によるもの……ともいえます。そこで、「12のステップ」をひとつの型にして、子どもへの性加害からの回復に取り組めるんじゃないかと思ったんです。

斉藤　「12のステップ」と自身の小児性愛障害や性加害の問題が結びついて、回復を目指そうとするとは、当時は画期的だったんじゃないでしょうか。私は長く加害者臨床に携わっていますが、「12のステップ」を用いたセルフヘルプモデルを中心に、問題行動をやめ続けている小児性愛障害の当事者には出会ったことがないです。

加藤 そうでしたか。僕はその後、性依存症の自助グループにもつながりました。そのほかにも「子どもの虐待防止センター」に電話して自分の問題行動について相談し、加害者臨床を扱っている医療機関を調べたこともあります。

性依存は、不特定多数との性交渉がやめられないといったものから、僕のように子どもへの性加害に及んでしまう非合法なものまで幅広いですよね。

斉藤 強迫的なマスターベーションをやめられない、風俗通いがやめられないといったいわゆる直接的な被害者のいない強迫的性行動症の治療・回復においては、スリップ（再行動化）も「回復のプロセスである」という考え方のもとで治療を行います。しかし、痴漢や盗撮、小児性犯罪など被害者のいる場合は、問題行動を止めることが最優先になる。つまり「スリップはあってはならない」という考え方である点がもっとも大きな違いです。

加藤 自助グループでは性依存症の問題を抱えた仲間と話し合うことができますが、「子どもへの性加害の再犯予防」については専門性が低くなってしまいます。また、グループには子どもの頃に性被害にあった人もいるかもしれませんし、僕の語る言葉が二次加害となってはいけません。そこで僕自身は、「子どもへの性加害の再犯予防」という問題に的を絞って治療を受けたいという思いが募っていったんです。

そんなある日、藤岡先生が子ども虐待・暴力についてのシンポジウムに登壇することを知り、治療を受けさせてもらえないか直談判したこともあります。その後、藤岡先生にかけ合い、「月2回、大阪大学の研究室に通う」という条件で個別セッションを受けられるようになりました。

斉藤　自身の問題を克服するための情報を積極的に得て、精力的に動いていたのですね。

「なぜ子どもに性加害してはいけないのか」

斉藤　それにしても、たかしさんが自首して逮捕された２０００年代当時、藤岡先生の論文や学会誌『アディクションと家族』を差し入れた弁護士の感度の高さには脱帽します。国選の弁護人だったのでしょうか？

加藤　いえ、私選の弁護人です。当時、「自分はもう取り返しのつかないことをしてしまったのだから、もはや弁護の余地がない。弁護士をつける資格なんてない」と考えていたんです。

ただ検察側から、逮捕された被疑者の持つ重要な権利として「弁護人を依頼する権利」（弁護人依頼権）があることを教えられ、「それならお願いしよう」と僕自身の考えが変わったという経緯があります。

　そこでまず頭に浮かんだのが、ゲイリブ運動に深く関わっていた中川重徳弁護士です。中川弁護士は、いまでいうLGBTQの法的サポートの先駆者で、先に述べた「府中青年の家事件」の訴訟でアカーを勝訴に導いた方としても知られています。

斉藤　そうだったんですね。

加藤　中川弁護士は性犯罪事件を専門に扱っているわけではありませんが、おそらくゲイリブ運動をしていることから、性依存症や性犯罪についての包括的な知識を持っている方が周囲にいたのではないかと思います。自分自身、中川弁護士や藤岡先生の論文といった非常に質の高い社会資源にアクセスできたことはとても恵まれていると思います。

　起訴された僕に対して、中川弁護士がくれた資料がもうひとつあります。「回復者の手記」という、子どもへの性加害を犯し、回復していったウェイン・バウワーというアメリカ人の手記でした。

斉藤　以前、たかしさんが私にも送ってくれましたね。この手記は、子どもへの性虐待問題に取り組むNPO団体Stop It Now! のウェブサイトでも閲覧できます[*1]。

加藤　それまで僕は、子どもへの性加害事件についての概要やニュースは見聞きしたことはあったものの、性加害者が回復して、問題行動をやめ続けているといった話を聞いたことがありませんでした。

ウェインさんの「回復者の手記」は、個人の体験談以上のものでした。というのも「12のステップ」の12番目には、自分たちの経験を同じ問題を抱えている人に伝えて、問題行動の解決に役立てる、という趣旨の言葉があります。ウェインさんの手記は、まさにこの言葉そのものです。自分の犯した罪や経験を、同じ問題を抱えたほかの人の問題解決に役立てる、という点にとても感銘を受けました。

斉藤　適切な治療につながり、回復の道筋を語ってくれる先行く仲間の存在が、たかしさんの回復の後押しをしてくれたわけですね。

加藤　もうひとつ、僕にとってとても大きかったのは、ウェインさんが「なぜ子どもに性加害してはいけないのか」について説得力をもって述べていることでした。それはとてもシンプルで、「大人と子どもでは力関係に大きなギャップがある。大人が子どもに対して性的に関わるのはこの力関係の濫用《らんよう》であること、そしてその行いは、子どもに初めての性行動を選択する権利を奪ってしまうことでもある」ということです。

メディアに実名顔出しで出演する理由

加藤　自分もウェインさんのような役割を社会で果たしたい……これこそが僕が現在、実名顔出しでメディアに出て、加害行為を語る大きな動機です。自分の半生を語ることで同じような問題を抱えている人に「自分も変われる」ということを示したいと考えているんです。

　これまでも僕は、政治的な主張をSNSに投稿したり、デモに参加した経験もあるのですが、そうした主張を声高に叫ぶ一方で、社会においてもっとも重要な問題である子どもへの性加害の問題を隠し続けるのはおかしい、と感じたことも一因です。

　そしてもうひとつ、大切な本に出会いました。『沈黙をやぶって』（森田ゆり編著、築地書館）、『誰にも言えなかった』（エレン・バス＋ルイーズ・ソーントン共編、森田ゆり訳、築地書館）といった、子ども時代に性被害を受けた方々の手記です。これを読むことで被害者の方々がいかに深く、そして長く傷ついているのかを初めて知り、大きな衝撃を受けました。

　そしてあることを思い出しました。僕は幼少時に母親から感情的虐待を受け、子ども心に「自分が大人になったら、子どもを傷つける大人にだけはならないぞ！」と決意していたのです。そして、現実の自分がその決意とはまったく逆の大人になってしまっていたことに気づきました。このことで、「僕はもう子どもを傷つけたくない」と強く思えました。

斉藤　それでメディアにも顔出し実名で出ているのですね。

加藤　はい。初めて加害経験者として取材のオファーを受けた際、「実名で顔を出す形でないと取材をお引き受けできません」と僕のほうから申し出ました。

斉藤　実はたかしさんがメディアに登場するようになった当初、私も同じテレビ番組に出演したことがありました。そのときは、お互い別々の制作担当者から出演を依頼されていたので、楽屋でたかしさんと顔を合わせて「たかしさんが出演するのか！」と初めて知って驚きました。控室では私からも「本当に実名・顔出しで出演して大丈夫ですか？」と声をかけたものの、たかしさんの覚悟の強さが伝わってきました。メディアに露出したことで、当初はバッシングもひどかったそうですね。

加藤　当時は僕のSNS運用にも問題があったのですが、非難・罵倒の電話がかかってきたこともありましたね。また、僕が「未成年の女性を何人もレイプした」というデマがTwitterに書き込まれたこともあります。

　一応、誤解のないように言っておきたいのが、僕は自分の再犯を防止するためだけに実名顔出しでメディアに登場しているわけではないということです。もちろん結果として再犯防止につながっているのかもしれませんが。

話はそれますが、斉藤さんは『glee／グリー』というアメリカのテレビドラマをご存じですか？

斉藤　グリー（合唱）クラブの生徒たちが登場するミュージカルドラマですね。

加藤　そのドラマにマーク・サリングという俳優が出演しているのですが、彼は元恋人へのDVで訴えられ、さらには２０１５年に児童ポルノ所持で逮捕されました。有罪を自ら認めていたものの、２０１８年に自死してしまいました。もちろん、彼には罪を償う必要はあった。しかし、命を絶つ必要はなかったんじゃないかと思うんです。

彼の本名はマーク・ウェイン・サリング。「回復者の手記」のウェイン・バウアーとマーク・ウェイン・サリング、「ふたりのウェイン」は僕のなかで対極モデルとなっているんです。

斉藤　もし起訴されたとき、たかしさんが信頼できるような弁護人と出会えなかったり、自助グループなどで回復の機会を逃し続けていたらどうなっていたと思いますか？

加藤　「加害行為を繰り返してはいけない」と当時から強く思っていましたが、具体的なスキルも身につけていなかったので、再犯リスクは高かっただろうと思います。いまでも街や電車で子どもが近くにやってきたら、自分の視界に入らないようにすぐに席を移動したり、目を閉じる……といったスキルを駆使しています。

斉藤　認知行動療法による、再発防止のためのリスクマネジメントですね。

加藤　僕はストレスをためることが子どもへの加害につながりやすいと自覚しています。自助グループの仲間や精神科の主治医のアドバイスもあって、ストレスをためやすい無理な就労を避けて、生活保護を受給して暮らしているのもそのためです。

斉藤　「12のステップ」の回復のモデルと認知行動療法、この２つがたかしさんの再犯防止を支える両輪になっているのですね。

加害経験者は「ジャニーズ性加害問題」をどう見るか

斉藤　２０２３年は、ジャニーズ事務所の性加害問題が大きく取り沙汰され、社会問題となりました。また、大手中学受験塾・四谷大塚で講師を務めていた男性が教え子にわいせつな行為、盗撮をして逮捕されるなど、教育現場での子どもへの性加害も後を絶ちません。こういった一連の報道を、たかしさんは性加害経験者としてどのように見ていましたか？

加藤　ジャニーズ事務所の問題については、１９８８年に元フォーリーブスの北公次さんが『光GENJIへ　元フォーリーブス北公次の禁断の半世紀』（データハウス）でジャニー喜多川氏による性加害を告発していたことで、当時からとても印象に残っていました。

子どもへの性加害経験者として気になったのが、被害者の当時の年齢です。第三者機関による調査報告書も公表されましたが、被害者の少年たちの年齢は10代前半が多かったですよね。おそらく喜多川氏は性的同意年齢（当時は13歳）を知ったうえで、主に13歳以上の年齢の少年たちを狙っていたのではないかと思いました。

斉藤　いまでこそ刑法改正によって性的同意年齢は16歳に引き上げられましたが、当時は被害者が13歳以上の場合、「抵抗が著しく困難になるほどの暴行または脅迫があったこと」が証明できなければ、強制性交等罪や強制わいせつ罪は成立しませんでした。「合宿所」という密室では目撃者も少なく、10代の子どもが「暴行・脅迫」があったという事実を証明するのは至難の業です。

加藤　これは亡くなった喜多川氏に確かめようのないことですが、実は何を隠そう、僕自身も同じ手口だったんです。先に述べた、家庭教師先で及んだ性加害も相手が13歳であることを確認したうえでのものでした。もちろん、常に「性的同意年齢ありき」で加害行為を行っていたわけではないのですが、以前は加害者にとって「13歳」という年齢は、ひとつの区切りとして意識せざるをえないものだったのではないかと思います。

これは余談なのですが、僕自身、家庭教師先で行った性加害について、のちに被害者に謝罪をしたこともあります。「私は家庭教師、あなたは生徒という立場で、そこには権力関係がある。自分はその権力関係を利用して、あなたにマスターベーションを教えると言って行った一連の行為は、権力の濫用にほかならなく、大変申し訳なく思っている」と告げました。

斉藤　「12のステップ」でも、自分自身の「棚卸し」をして、迷惑をかけてきた人や傷つけた人を表に書き出していく作業があります。「埋め合わせ」では、手紙を書く、電話をする、直接顔を合わせて謝罪をする、すでに亡くなっている人に対しては、墓前で手を合わせて謝罪をすることもあります。ただ、直接謝罪をすることは、被害者感情に配慮して十分慎重に行うべきものでもあります。

その被害者は、親や周囲の大人に相談をしたことはあったのでしょうか？

加藤　わかりません。とにかく当時の僕は、自分の加害行為が発覚することを恐れていました。しかし、どうやら現在に至るまで、その件について知っているのは僕と被害者だけのようです。

被害者と加害者、パートナーとのかけがえのない関係

斉藤　最後に、パートナーとの関係についておうかがいしたいと思います。現在、たかしさんにはパートナーの女性がいらっしゃるそうですね。

加藤　はい。僕と同い年の千野恵子さんという方です。彼女とはアルコール依存症の自助グループで知り合いました。彼女はグループの先輩で、一時は疎遠になってしまったのですが、いまから10年ほど前、依存症やこころの病を扱う活動で再会したんです。

　彼女と僕の住まいが歩いて15分ほどだったことからも、ふたりの距離がぐっと縮まりました。僕の持病の咳ぜんそくが悪化したとき、家まで看病に来てくれたこともありました。そんな彼女に対して僕のほうから好意を抱いて、アプローチしたことで交際を始めることになったんです。

斉藤　これまでのたかしさんの経緯については、パートナーの方には打ち明けていますか？

加藤　はい。二十数年前に知り合ったときからアルコール依存症であることはお互い自助グループのメンバーとして知っていましたが、その後、子どもへの性加害をしてきたこと

も交際前に彼女には伝えました。彼女は僕自身の話を受け止めてくれました。当時もすでに回復のために治療に取り組んでいることも知っていたので、「嫌悪感を抱くことはなかった」と話してくれています。

また、彼女は過去に複数回レイプ被害にあっていることを僕に打ち明けてくれています。これは彼女がメディア取材で明かしていることでもあります。

斉藤　おふたりにはアルコール依存症という共通の問題がありますが、たかしさんは小児性愛障害の加害経験者、女性は性被害者……いわば「加害者と被害者」という相反する立場です。私も依存症同士のカップルは数多く知っていますが、たかしさんと千野さんのようなカップルにはいままで出会ったことがありません。「12のステップ」をはじめとした共通言語が根底にあり、それをベースに互いの過去を理解し、支え合っているのは、かけがえのない関係だと思います。

加藤　ありがとうございます。そう言っていただけてうれしいです。

斉藤　ただ、皆が皆、自助グループで知り合ってカップルになればいいかといえば、そうではありません。アルコール依存症や性依存症に限らず、自助グループでは、回復途上の当事者同士が恋愛関係に陥ると、共倒れになるリスクが高いといわれています。

　実際に私が知っている例でいえば、アルコール依存症の自助グループやデイケアで知り合った男女が交際を始めるようになって、やがてふたりで飲み始めてしまった……というケースも多々あります。あるカップルの男性にはもともと内臓疾患があったため、その後連続飲酒で亡くなってしまいました。薬物依存症同士のカップルでも、最初は燃え上がってよかったのですが、やがてお互いがお互いを傷つけ合い、最後は男性が自殺してしまいました。

　そういった悲惨なケースもありますが、たかしさんたちはおふたりとも、問題行動から遠ざかる「しらふ」の期間をしっかり持っていること、さらに互いのリスクをしっかりとわかったうえでともに歩んでいるケースなのだとお見受けします。

　ここで、ひとつ踏み込んだ話をうかがっていいですか？

加藤　どうぞ。

斉藤　おふたりには現在、肉体関係はありますか？

加藤　はい。僕も加齢による肉体的な衰えは否めませんが、肉体関係はあります。ただ実は、最初は難しかったんです。僕がなかなか射精できませんでした。長年、児童ポルノを見ながら強迫的なマスターベーションをするといった「強い刺激」に慣れきっていたため、女性とのセックスで射精するのが困難だったんです。
そこで泌尿器科医や精神科の主治医に相談して、TENGAの「メンズトレーニングカップ」を使ったり、パートナーにも協力してもらうことで問題は無事に解消されました。とはいえお互い60代なので、血気盛んな若い頃のようにはいきませんが、いまも会えば体を重ねることはあります。

斉藤　ありがとうございます。クリニックに通う加害当事者のなかには、事件を起こした後に夫婦関係が破綻したり、「性加害者の自分がこれから恋愛や結婚をしてもいいのだろうか」といった葛藤に苛まれているケースも少なくありません。事件後の加害者の性と人生についてはあまり公に語られることはありませんが、関係性をきちんと構築しながら対等な性交渉を行えるパートナーシップのあり方は、性依存症からの回復において大切だと考えています。

たかしさんは今後、パートナーの方とどのような関係を構築していこうと考えていますか？

加藤　すぐに同棲をしたり結婚をするかは未定ですが、お互いが回復のために治療を続けながら、いまの関係を維持しつつ、楽しく支え合って暮らしていければいいなと思います。

子どもへの加害行為がやめられない人へ

斉藤 最後に、これを読んでいる人で、自らの小児性愛障害を疑っている人、まだ公にはなっていないものの子どもへの加害行為がやめられない人に対して、何か伝えたいメッセージはありますか?

加藤 「大丈夫、あなたは変われる」。そして、「変われば、これまでよりラクで楽しい生き方ができるようになる」ということを伝えたいですね。

どうしても、子ども性加害の当事者同士は、自分たちの問題行動を分かち合える場が少ないです。まだまだ正しい情報も少ないのが現状です。

ただ一方で、数々の性加害報道や刑法改正によって世の中の流れは確実に変わってきています。もしいま加害行為に悩んでいる人がいたとしたら、まずは性依存症や小児性愛障害の治療プログラムを行っている医療機関や自助グループにつながることを切におすすめします。最初はどこがいいかわからないものですが、まずはどんどんチャレンジしてみたらいいと思います。

僕自身は、自助グループのミーティングを通じて、「正直に仲間に話す」ことで回復に必要な言葉を学べました。自助グループはアルコール、薬物、ギャンブルなど依存症ごとに細分化されていますが、僕が通っているタイプの自助グループでは「12のステップ」という回復への道筋における哲学は共通しています。

どのような入り口であれ、確実に治療・回復への大いなる一歩になると思います。

斉藤　今日は貴重なお話、ありがとうございました。たかしさんとパートナーの方の幸せも陰ながら応援しています。

加藤　こちらこそ、ありがとうございました。

＊1　Wayne's Story of Recovery - Stop It Now!
https://www.stopitnow.org/stories-of-hope/waynes-story-of-recovery

子ども性被害 相談窓口一覧

● 性犯罪・性暴力被害者のためのワンストップ支援センター

#8891

はやくワンストップ

● 性犯罪被害相談電話(警察)

#8103

ハートさん

● 男性のための性暴力被害ホットライン

0120-213-533

(土:19:00〜21:00)

● 男の子と保護者のための性暴力被害ホットライン

0120-210-109

(金・土:16:00〜21:00)

● 児童・生徒を教職員等による性暴力から守るための
第三者相談窓口(東京都教育委員会)

女性弁護士:**070-3163-9003**

男性弁護士:**080-9418-8245**

(月・火・木:15:00〜18:00、土:9:00〜12:00)

メール:**k.tsuho-soudan@section.metro.tokyo.jp**

参考文献

村瀬幸浩、髙橋怜奈、宋美玄、太田啓子、松岡宗嗣、斉藤章佳、田嶋陽子
『50歳からの性教育』河出新書、2023年

斉藤章佳『「小児性愛」という病　それは、愛ではない』ブックマン社、2019年

法務省「性犯罪に関する施策検討に向けた実態調査ワーキンググループ（第11回）」
https://www.moj.go.jp/content/001314731.pdf

「再犯防止プログラム受けたのに、わいせつ行為がやめられない…
ぶつ切りの支援、立ち直りに壁」弁護士ドットコムニュース、2019年8月28日
https://www.bengo4.com/c_1009/n_10052/

「依存症治療にヒントがあった　働く人のストレス解消法」
日本経済新聞、2019年10月10日
https://www.nikkei.com/nstyle-article/
DGXMZO48995260W9A820C1000000/

「子どもを狙う性犯罪者の原動力は『性欲』ではない。本当の目的とは」
KIDSNA STYLE、2023年9月8日
https://kidsna.com/magazine/entertainment-report-230908-12752

著者略歴

斉藤章佳《さいとうあきよし》

精神保健福祉士・社会福祉士。大船榎本クリニック精神保健福祉部長。

一九七九年生まれ。

大学卒業後、アジア最大規模といわれる依存症回復施設の榎本クリニックでソーシャルワーカーとして、アルコール依存症をはじめギャンブル、薬物、性犯罪、児童虐待、DV、クレプトマニア（窃盗症）などあらゆる依存症問題に携わる。専門は加害者臨床で、現在までに二五〇〇人以上の性犯罪者の治療に関わる。

著書に『男が痴漢になる理由』『万引き依存症』（ともにイースト・プレス）、『「小児性愛」という病』（ブックマン社）、『しくじらない飲み方』（集英社）、『セックス依存症』（幻冬舎新書）、『盗撮をやめられない男たち』（扶桑社）、『男尊女卑依存症社会』（亜紀書房）、共著に『50歳からの性教育』（河出新書）、監修に漫画『セックス依存症になりました。』（津島隆太作、集英社）などがある。

幻冬舎新書 711

子どもへの性加害

性的グルーミングとは何か

二〇二三年十一月三十日 第一刷発行

著者 斉藤章佳

発行人 見城 徹

編集人 小木田順子

編集者 小林駿介

発行所 株式会社 幻冬舎

〒一五一-〇〇五一 東京都渋谷区千駄ヶ谷四-九-七

電話 〇三-五四一一-六二一一(編集)

〇三-五四一一-六二二二(営業)

公式HP https://www.gentosha.co.jp/

ブックデザイン 鈴木成一デザイン室

印刷・製本所 中央精版印刷株式会社

Printed in Japan ISBN978-4-344-98713-5 C0295

さ-22-2

*この本に関するご意見・ご感想は、左記アンケートフォームからお寄せください。

https://www.gentosha.co.jp/e/

斉藤章佳

セックス依存症

セックス依存症は性欲だけの問題ではない。脳の機能不全に加え、支配欲や承認欲求、過去の性被害、「男らしさの呪い」などが深く関わっているのだ。依存症の専門家がその実態と背景に迫る。

斎藤環

中高年ひきこもり

40〜64歳のひきこもりは推計61万人。家族の孤立、孤独死・生活保護受給者の大量発生等、中高年ひきこもりはいまや日本の重大な社会問題だ。ひきこもりとは何か。何が正しい支援なのか。第一人者が解説。

阿部恭子

家族という呪い

加害者と暮らし続けるということ

「家庭を持って初めて一人前になれる」とはよく言われるが、家族によって不幸になる例は後を絶たない。加害者家族を支援する著者が不幸な家族と幸せな家族の分かれ目を明らかにする。

下重暁子

家族という病

家族がらみの事件やトラブルを挙げればキリがない。それなのになぜ、日本で「家族」は美化されるのか。家族の実態をえぐりつつ、「家族とは何か」を提起する一冊。

幻冬舎新書

鈴木伸元

性犯罪者の頭の中

性犯罪者に共通するのは日常生活での〝満たされなさ〟。その感情がどう変化し、彼らを性犯罪へと駆り立てるのか。性犯罪者の知られざる心の闇を赤裸々に綴った一冊。

廣瀬涼

タイパの経済学

「タイパ」（時間対効果）の追求が一般的となった現代。「手間をかけずに経験する」需要が高まり、モノやコンテンツはコミュニケーションの手段に過ぎないという。一見不合理なタイパの現実を分析する。

清水亮

教養としての生成ＡＩ

生成ＡＩは人間の生活・ビジネスをどう変えるのか。最新研究からその歴史、仕事への活かし方、ＡＩ時代に鍛えるべき能力までを第一人者が解説。ChatGPT以後の世界を生き抜く必読書！

出口治明

逆境を生き抜くための教養

脳出血で失語症・右半身まひという後遺症を抱えた著者。復帰の支えとなったのは読書で得てきた「知の力」だった。「知は力なり」を身をもって体験した著者に学ぶ、逆境で役立つ知識・物事の考え方。

幻冬舎新書

堤未果

堤未果のショック・ドクトリン

政府のやりたい放題から身を守る方法

コロナ禍や震災など惨事に便乗し、個人情報や資産が奪われようとしている!! 空前の利益を得る製薬企業の手口、マイナカードの先にある政府の思惑など……。強欲資本主義の正体を見抜く一冊。

近藤勝重

60歳からの文章入門

書くことで人生は変えられる

「思うこと」ではなく「思い出すこと」を書く、「私」「だから」「しかし」を削るなど、文章力アップのコツを伝授。日記、エッセイ、物語……書き続けることが、あなたの生きた証になる!

山口真由

世界一やさしいフェミニズム入門

早わかり200年史

フェミニズムが解れば、人や企業の「成長」が見えてくる! ウルストンクラフト、ボーヴォワール、与謝野晶子など主要フェミニスト五十余人を軸に、その思想と展開を鷲掴みした入門書。

外山滋比古

90歳の人間力

高齢者ともなれば、どんな人間にも後悔、失敗、恥がある。さまざまなキズを糧にして、歳をとるほど明るく幸せになる生き方とは? 『思考の整理学』の著者による、人間力を養う34のヒント。